Steh auf und geh

Tiemo Rainer Peters

STEH AUF UND GEH

Anstiftungen aus dem Evangelium

Matthias-Grünewald-Verlag

CIP-Kurztitelaufnahme der Deutschen Bibliothek
Peters, Tiemo Rainer:
Steh auf und geh : Anstiftungen aus d. Evangelium /
Tiemo Rainer Peters. – Mainz : Matthias-Grünewald-
Verlag, 1984.
ISBN 3-7867-1109-7

Umschlagmotiv: Heilung des Gelähmten, weström. Elfenbeinrelief
Satz: Georg Aug. Walter's Druckerei, 6228 Eltville/Rhein
Druck und Bindung: Druckhaus Darmstadt

Inhalt

Vorwort

„Steh auf und geh!“ – als direkte Aufforderung oder zumindest als Aufbruchsstimmung aus den Wundergeschichten ebenso wie aus der Weihnachtserzählung und der Osterbotschaft vertraut – signalisiert das Ende einer Passivität und den Anfang neuer Freiheit, die Überwindung eines Leidens und die Wiedergewinnung der ganzen Lebenskraft – eine Ruhe bzw. Apathie wird gestört, und alles kommt in Bewegung und verändert sich: Das Evangelium ist voll von „Auferstehung“, es ist eine einzige Anstiftung zum Aufbruch!

Meine Auslegung muß sich, so nahe wie möglich, an den biblischen Text heranarbeiten: bis zu dem Punkt, und dies durch alle behandelten Schriftstellen hindurch, wo das Anstekkende und Befreiende der Jesusbotschaft spürbar wird, ein Funke oder eine Unruhe überspringen kann, vielleicht Anfragen, Forderungen (Anklagen?) hörbar werden. Zu versuchen ist – wie sonst sollte er zur Herausforderung werden können –, den Bibeltext, so alt und verbraucht er sein mag, als einen zeitgenössischen zu lesen; das allzu geläufige Sonntagsevangelium gleichsam beharrlich zu unterlaufen und als Impuls zur Veränderung zu begreifen.

Zeitbezogen ist das Evangelium ohnehin. Das liegt einmal an seiner Botschaft selbst, die einer religiös-sozialen Bewegung, einer Kultur und Gesellschaft, d. h. einem im weitesten Sinne „politischen“ Kontext entstammt – was selbstverständlich verschwiegen und vertuscht werden kann. Es liegt aber ebenso an denen, die heute das biblische Wort hören und in vielfältigen sozialen, kulturellen, weltanschaulichen Beziehungen leben. Sie als verhältnislose Wesen anzusprechen und die Jesusbotschaft immer gerade dort zum Schweigen zu bringen, wo sie sich in solche Bereiche einmischen könnte, ist abstrakt, unevangelisch, letztlich ein Widerspruch zu der dogmatischen

Aussage, daß Jesus der Christus auch heute, daß Gott Mensch für uns geworden ist: nicht für isolierte, beziehungslose Wesen, sondern für uns.

Noch einmal: Es kommt darauf an, sich in den Schrifttext hineinzufragen, aber nicht nur beim Geschriebenen zu bleiben, sondern gleichzeitig zwischen den Zeilen zu lesen, dort nach weiteren Botschaften zu suchen; aber auch dem (vorgestellten) Hörer/Leser „aufzulauern", seine Anschauungen, gesellschaftlichen Prägungen, seine Meinungen und Urteile zu hinterfragen, auf ein Unbewußtes, Verdrängtes oder heimlich Ersehntes zu achten und es in die Deutung einzubeziehen – die Bibel selbst tut das beständig und mit unvergleichlicher Eindringlichkeit. – Muß erklärt werden, warum dabei auch die allegorische Auslegung zu ihrem Recht kommt und die wortwörtliche Bedeutung nicht immer als der Weisheit letzter Schluß erscheint?

Vorgelegt werden keine wissenschaftlichen Bibelarbeiten! Nicht nur, weil die Besinnung auf das Evangelium oft und lange genug in der Wiederholung exegetischer Gelehrsamkeit und so nicht selten in der Entleerung der Verkündigung bestanden hat, sondern auch, weil Vorbehalte gegenüber der Bibelwissenschaft selbst bleiben (der schuldige Respekt wird ihr gleichwohl zuteil werden): Vermittelt sie, die über Texte und deren Hintergründe objektiv Gültiges aussagen will, nicht möglicherweise Vorstellungen, die eher dem Ideal der Wertfreiheit der Wissenschaften und dem Glauben an Vernunft und Fortschritt entsprechen als christlicher Offenbarung? So daß sie in ihrer beanspruchten „objektiven" Neutralität (die natürlich gegenüber einer dogmatistischen Schrifterklärung von großer Bedeutung gewesen ist!) und ihrer Trennung von Theorie und Praxis, Wissen und Erfahrung schon wieder veraltet scheint, unfähig, einen Satz wie diesen: „Steh auf und geh!" in der gebotenen Direktheit zu vermitteln? Und überhaupt: Kann durch distanzierte, wissenschaftliche Betrachtung geklärt oder auch nur gesichert werden, was sich jedem

Zugriff, auch jedem Begreifen entzieht, „was kein Auge gesehen und kein Ohr gehört hat, was keinem Menschen in den Sinn gekommen ist: das Große, das Gott denen bereitet hat, die ihn lieben“ (1 Kor 2,9)?
Daß „Liebe“ oder zugespitzt: „Solidarität“ die einzige Hermeneutik ist, die dem biblischen Text gerecht zu werden vermag, dies nun ist eine Feststellung, mit der sich mein Vorwort, sofern es Aufschluß über die hier zusammengestellten Auslegungen geben soll, vollends übernimmt! – Aber es ist gut, den Maßstab, dem nicht entsprochen wird, wenigstens zu kennen. So schwer und letztlich unerreichbar diese „praktische“ Bibelhermeneutik ist, so leicht ist es zu zeigen, daß der Aufstand, den Jesus in seiner Zeit und Gesellschaft entfesselt hat, und zwar notorisch, genau dort stattfand, wo ein Reich der Liebe inmitten einer von Gesetz oder Geld oder Macht oder Vorurteil beherrschten Welt ausgerufen wurde und realisiert werden sollte. Hiervon ist zu sprechen, von nichts anderem!
Die meisten der hier zusammengefaßten, im stimulierenden Klima der Theologie von Johann Baptist Metz entstandenen Texte sind, in wechselnder Folge, in der Zeitschrift „Wort und Antwort“ zum ersten Mal gedruckt erschienen – in einer Fassung, die für das vorliegende Bändchen z. T. stark überarbeitet wurde. Für die Hartnäckigkeit, mit der er mich zu solchen „Schriftbetrachtungen“ gedrängt hat, danke ich meinem Mitbruder Paulus Engelhardt OP. Dank auch an Annerose Köster, ohne deren Gesprächshilfe meine Auslegungen in dieser Form nicht hätten veröffentlicht, manche nicht einmal so hätten konzipiert werden können.

Münster, Herbst 1983

I. Botschaft der Befreiung

Bruder, Schwester und Mutter (Mk 3,31–35)

> 31 *Da kamen seine Mutter und seine Brüder; sie blieben vor dem Haus stehen und ließen ihn herausrufen.* 32 *Es saßen viele Leute um ihn herum, und man sagte zu ihm: Deine Mutter und deine Brüder stehen draußen und fragen nach dir.*[1]

Ausgangsverhältnisse

Jesus ist im Kreis des Volkes. Seine Verwandten aber, Mutter, Schwestern und Brüder stehen vor der Tür. Sie treten nicht ein, sondern bleiben draußen und versuchen ihn in aller Förmlichkeit herauszubitten. Die Szene ist deutlich: Was normalerweise draußen ist, abgeschoben, ignoriert, nicht ernst genommen, nur gezählt und betreut: das Volk, ist drinnen bei Jesus, und was üblicherweise drinnen ist, eingeweiht, ernst genommen, geschätzt: die Familie, ist draußen und stört.
Wir könnten auch anders ansetzen, sozusagen bei der Dramaturgie des Markusevangeliums, das in Vers 21 desselben dritten Kapitels schon einmal von den Verwandten Jesu spricht: wie sie Anstoß an Jesus nehmen, um den sich riesige Volksmengen versammelt haben: *Als seine Angehörigen davon hörten, machten sie sich auf den Weg, um ihn mit Gewalt zurückzuholen; denn sie sagten: Er ist von Sinnen*, zu deutsch: „Er ist verrückt." Hierzu würde das 6. Kapitel passen, wo Jesu Auftreten

in der Synagoge von Nazaret geschildert wird. Die Gemeinde ist verärgert: *Ist das nicht der Zimmermann, der Sohn der Maria und der Bruder von Jakobus, Joses, Judas und Simon? Leben nicht seine Schwestern hier unter uns?* Jesus erwidert: *Nirgends hat ein Prophet so wenig Ansehen wie in seiner Heimat, bei seinen Verwandten und in seiner Familie* (6,3f). So betrachtet, würden die Verwandten im heutigen Evangelium nach Jesus schicken, um ihn vom Volk zu trennen, um ihn zu überreden, lieber mit ihnen nach Hause zu gehen, dorthin, wohin ein Sohn gehört – nach allem, was recht ist.
Selbst wenn wir, was wir dürften, die Dinge so dramatisch nicht interpretieren wollen, bleibt der Vorgang des heutigen Evangeliums herausfordernd genug – auch dogmatisch. Ohne jeden Zweifel nämlich läßt sich feststellen, daß hier zwei Welten aufeinanderstoßen: die familiäre Binnenwelt und die gesellschaftliche Außenwelt, und Jesus hält ein grundsätzliches Wort für angebracht, um das Verhältnis beider im Licht der Frohen Botschaft neu zu bestimmen.

> 33 *Er erwiderte: Wer ist meine Mutter und wer sind meine Brüder?* 34 *Und er blickte auf die Menschen, die im Kreis um ihn herumsaßen, und sagte: Das hier sind meine Mutter und meine Brüder.* 35 *Wer den Willen Gottes erfüllt, der ist für mich Bruder und Schwester und Mutter.*

Infragestellung

Wer ist meine Mutter und wer sind meine Brüder? – Darf man diese Frage überhaupt im Ernst stellen? Ist man nicht vielmehr hineingestellt in die familiäre Ordnung, diese „erste Zelle“ des gesellschaftlichen Lebens? Und kommt nicht alles darauf an,

diese Mikrowelt heil und intakt zu halten, weil sie wie ein Nährboden ist, nicht zuletzt auch für die Religion: Wo denn, wenn nicht hier, sollten religiöse Traditionen ausgebildet, eingepflanzt und stabilisiert werden können? Und wo sollten die gesellschaftlichen Prozesse temperiert, in vernünftige Bahnen gelenkt, mit dem Erbe der Väter und Mütter verbunden werden? Und leiten sich aus dieser Vorrangstellung nicht zu recht Privilegien und Ansprüche ab: das Vorrecht, mitreden zu dürfen, mitbestimmen, Einspruch erheben zu dürfen, in jedem Fall: bevorzugt zu sein? Und all dies nicht als ungewöhnliche Forderung, sondern als eingeübte, gesellschaftliche Praxis?
Eins ist klar: daß die Verwandten mit der Selbstverständlichkeit dieses Anspruchs vor der Tür stehen.
Für Jesus aber, der Umkehr verlangt, d. h. radikale Neuorientierung, muß das wie eine Bedrohung und Gefährdung gewesen sein. Ist doch die Familie – gerade als „Primärzelle" und Traditionsvermittlerin – eher ein Ort der Anpassung als der Veränderung; eher ein Ort der Ruhe als der Wagnisse und Revisionen; eher ein Ort der Erhaltung als der Durchbrechung des gesellschaftlichen status quo: nestwarm und darum desto wirksamer, umworben von den Konservativen aller Zeiten. Sie ist eben nicht unbedingt nur Hort, sondern kann auch „Falle" (G. Casalis) und Gefängnis werden[2] – zumal für jenen Frohen Botschafter, der die messianische Freiheit der Kinder Gottes verkündet.

Umorientierung

Diese Falle wäre bereits zugeschlagen und hätte Jesus gefangen, vereinnahmt, „unschädlich" gemacht, würde er jetzt aufstehen und das Volk, wenn auch nur für einen Augenblick, verlassen und die allgemein respektierte Rangordnung wiederherstellen.
Jesus steht nicht auf, verläßt die Leute nicht, stellt nicht die „Ordnung" wieder her, stört nicht die große Ruhe, die über

der Erzählung liegt und die nur von den Verwandten durchbrochen worden war.

Und er blickte auf die Menschen, die im Kreis um ihn herumsaßen, und sagte: Das hier sind meine Mutter und meine Brüder (3,34). Ein ungeheurer Befreiungssatz: provokativ zunächst natürlich für die Verwandten, deren familiäres Privileg aufgehoben ist: aufgehoben im Sinne von ausgeweitet auf alle; also nicht negiert, sondern universalisiert. – Dieser Satz fordert aber ebenso das Volk heraus, das sich um ihn geschart hat. Denn sie, die sich daran gewöhnt haben, „draußen" zu stehen, ohne große Ansprüche, Erwartungen und Chancen, müssen sich sagen lassen, daß Freundschaft, Liebe, Vertrauen und Wärme in der Reich-Gottes-Ordnung nicht länger reserviert sind für die private, familiäre Binnenwelt, sondern daß sie sich auch draußen ereignen müssen, ebenso innig und selbstverständlich.

Sie müssen sich draußen ereignen, wenn das Vertrauen aufeinander eine tragfähige Realität und keine familiäre Ausnahme sein soll, wenn Freundschaft umfassend, d. h. auf Dauer gelingen soll, wenn Liebe nicht im „trauten Heim" verkümmern, sondern wenn sie eine „Zivilisation" werden soll, wie die lateinamerikanische Kirche in Puebla verkündet und erhofft. – *Wer den Willen Gottes erfüllt, der ist für mich Bruder und Schwester und Mutter*: Das ist die Zivilisation der Liebe!

Jesus kommt in sein Dorf (Mk 6,1–6)

[1]Von dort brach Jesus auf und kam in seine Heimatstadt; seine Jünger begleiteten ihn. [2]Am Sabbat lehrte er in der Synagoge. Und die vielen Menschen, die ihm zuhörten, staunten und sagten: Woher hat er das alles? Was ist das für eine Weisheit, die ihm gegeben ist! Und was sind das für Wunder, die durch ihn geschehen?

Nazaret liegt abseits. Ein damals stiller, einsamer Ort, den die großen Karawanen und Handelsstraßen nicht berührten. 400 m über dem Meer. Ich stelle mir vor, daß die Abgelegenheit von Nazaret einige Schlüsse zuläßt: Man lebt auf engem Raum; jeder kennt jeden; jeder kennt mehr oder weniger die Sorgen, die Schwächen, aber auch die Vorzüge des anderen.

Worauf es im Dorf ankommt

Es kommt im Dorf darauf an, das Gleichgewicht der Beziehungen, Kenntnisse und Vertrautheiten aufrechtzuerhalten, sonst geht alles durcheinander. Wovon geredet werden darf und worüber geschwiegen werden muß, steht fest: Das Dorf ist durch unendlich viele Fäden der Konvention, der heimlichen Absprachen und Grenzrespektierungen geordnet. Nur so hält man die Nähe aus; nur so ist man sicher voreinander.
In sein festgelegtes Nazaret kommt Jesus, der Einheimische, der Eingeborene. Einheimische kennen sich aus. Ihnen ist das Dorf mit all seinen Problemen vertraut. Sie kennen genau die feinen Grenzen zwischen dem, wovon man sprechen darf, und dem, worüber nicht gesprochen wird: der Einheimische ist eingeweiht.

Worum es Jesus geht

Aber nun war Jesus nicht nur vertraut mit seinem Dorf Nazaret, sondern er wußte sich als Eingeborener aller Dörfer, Städte und menschlichen Gemeinschaften: Jesus war der eingeborene Menschensohn, und über Ruhe und Sicherheit, über die feinen Vereinbarungen und Stillhalteabkommen seiner kleinen Stadt stellte er die Belange des beschädigten Menschen an jedem Ort.

Worüber Jesus gesprochen haben mag

Was waren das für Worte, die Jesus in der Synagoge von Nazaret sagte? Es waren Worte aus der „Macht" der Erfahrung: *Wenn du zu einer Hochzeit eingeladen bist, such dir nicht den Ehrenplatz aus. Denn es könnte ein anderer eingeladen sein, der vornehmer ist als du, und dann würde der Gastgeber, der dich und ihn eingeladen hat, kommen und zu dir sagen: Mach diesem hier Platz! Du aber wärst beschämt und müßtest den untersten Platz einnehmen. Wenn du also eingeladen bist, setz dich lieber, wenn du hinkommst, auf den untersten Platz: dann wird der Gastgeber zu dir kommen und sagen: Mein Freund, rück weiter hinauf! Das wird für dich eine Ehre sein vor allen anderen Gästen. Denn wer sich selbst erhöht, wird erniedrigt, und wer sich selbst erniedrigt, wird erhöht werden.* (Lk 14,8–11) Dieser Erfahrungssatz mag noch hingenommen worden sein – schon wegen seiner Weisheit. Aber dann: *Wenn du mittags oder abends ein Essen gibst, so lade nicht deine Freunde oder deine Brüder, deine Verwandten oder reichen Nachbarn ein; sonst laden auch sie dich ein, und damit ist dir wieder alles vergolten. Nein, wenn du ein Essen gibst, dann lade Arme, Krüppel, Lahme und Blinde ein. Du wirst selig sein, denn sie können es dir nicht vergelten; es wird dir vergolten werden bei der Auferstehung der Gerechten.* (Lk 14,12–14)

Spätestens in einem solchen Augenblick müssen die in der Synagoge Versammelten Anstoß genommen haben:

> 3 *Ist das nicht der Zimmermann, der Sohn der Maria und der Bruder von Jakobus, Joses, Judas und Simon? Leben nicht seine Schwestern hier unter uns? Und sie nahmen Anstoß an ihm und lehnten ihn ab.*

Was wirklich ärgerlich ist

Alle hatten eingeladen, um wieder eingeladen zu werden! Und waren sie nicht alle mitbeteiligt, die Armen, Kranken und Straffälligen von der Kommunikation des Dorfes auszuschließen? Darauf wird Jesus, der Eingeborene, in seinem Dorf hingewiesen haben: Indem er die Beobachtungen, Erfahrungen und Gefühle eines Dorfzimmermanns durchsichtig machte auf Gott hin. Aber das Dorf dürfte sich empört gefragt haben: Ist uns Gott nicht dadurch, daß wir seinen Dienst vorschriftsmäßig erfüllen und sein Wort hören, hinreichend nahe und vertraut; ist das nicht der Boden unter unseren Füßen, daß wir ein Gesetz und eine Synagoge haben, in denen Gott gegenwärtig ist mit seiner Weisung und Vergebung?
Versucht man sich einen Begriff von dem Ärgernis zu machen, das Jesus seinem Dorf gab, zeigt sich folgendes: In Nazaret, das – wie jedes Dorf – durch ein raffiniert eingespieltes Nebeneinander von Sitte und Ungerechtigkeit, Schuld und Beschwichtigung, Frömmigkeit und Folgenlosigkeit dieser Frömmigkeit gekennzeichnet war, in seinem Dorf ruft Jesus mit der Erfahrung und Beobachtung des Eingeborenen zur Preisgabe hohler Konventionen, trügerischer Ausgewogenheiten und ungerechter Absprachen auf, um desjenigen Menschen

willen, der in diesem wie in allen Dörfern und Gesellschaften ins Abseits gerät: Jesus als Zersetzer des „schiedlichen" und „friedlichen" status quo.

4 Da sagte Jesus zu ihnen: Nirgends hat ein Prophet so wenig Ansehen wie in seiner Heimat, bei seinen Verwandten und in seiner Familie. 5 Und er konnte dort keine Wunder tun; nur einigen Kranken legte er die Hände auf und heilte sie. 6a Und er wunderte sich über ihren Unglauben.

Was man wohl in der Kirche sagen würde?

Jesus konnte in seinem Dorf keine Wunder wirken: Wunder der Veränderung, der Verwandlung der Herzen. Er konnte dort – hätte er es gewollt – nicht einmal Zimmermann sein! Bleibt zu fragen, wie es wäre, wenn Jesus der Eingeborene in sein Dorf, die Kirche, käme. Heute! Nicht als der „liebe Sohn", den man zu kennen meint, mit dem man sich im kalkulierten Wechsel von Schuld und Vergebung längst arrangiert hat, der in ein höchst bürgerliches Netz religiöser Konventionen geraten zu sein scheint: geglaubt, aber nicht beherzigt – wenn er in sein Dorf, die Kirche, käme, die mit ihren Geboten und veröffentlichten Meinungen den Eindruck erweckt, es ginge ihr vor allem um die Erhaltung ihrer selbst in Ruhe und Ordnung; wenn er als der Eingeborene käme, der gut Bescheid weiß, gut beobachtet hat und deshalb konkret von Gott sprechen kann – es ist nicht sicher, ob er in seinem Dorf Glauben finden würde und Wunder vollbringen könnte, oder ob man in seinem Dorf, der Kirche, nicht wieder Anstoß an ihm nähme.

Bewegung von unten (Lk 9,57–62)

57 Als sie auf ihrem Weg weiterzogen, redete
ein Mann Jesus an und sagte: Ich will dir
folgen, wohin du auch gehst. 58 Jesus antworte-
te ihm: Die Füchse haben ihre Höhlen und die
Vögel ihre Nester: der Menschensohn aber hat
keinen Ort, wo er sein Haupt hinlegen kann.
59 Zu einem anderen sagte er: Folge mir nach!
Der erwiderte: Laß mich zuerst heimgehen
und meinen Vater begraben. 60 Jesus sagte zu
ihm: Laß die Toten ihre Toten begraben; du
aber geh und verkünde das Reich Gottes!
61 Wieder ein anderer sagte: Ich will dir nach-
folgen, Herr. Zuvor aber laß mich von meiner
Familie Abschied nehmen. 62 Jesus erwiderte
ihm: Keiner, der die Hand an den Pflug gelegt
hat und nochmals zurückblickt, taugt für das
Reich Gottes.

Jesus, der Radikale

Gesetzt den Fall, jemand hätte eines dieser drei Dinge nicht, von denen der Text spricht, festen Wohnsitz, Pietät oder Familiensinn, dann wäre er gewiß suspekt. Wenn er alle drei Dinge nicht hätte, dann wäre er nicht nur suspekt, dann empfände man ihn mit Sicherheit als gefährlich. Wenn er aus seiner Lebensauffassung gar ein Programm machte (*Keiner, der die Hand an den Pflug gelegt hat und nochmals zurückblickt, taugt für das Reich Gottes*), würde man ihn ohne Umschweife

als das bezeichnen, was er in Wahrheit auch ist: als einen Umstürzler der religiösen, ethischen und gesellschaftlichen Ordnung, kurz: als einen Radikalen.
Da ist also dieser heilige Radikale (der auch als solcher endete!): Jesus. Er hat keinen festen Wohnsitz, hat keinen sonderlichen Respekt vor den Toten, hat offenbar auch keinen rechten Familiensinn, wie man in Nazaret mißbilligend zur Kenntnis nahm. – Und da sind die heutigen Christen: auf seinen Namen eingeschworen, aber sehr wohl mit Wohnsitz, Pietät den Toten gegenüber und natürlich mit Familiensinn. Jesus und die heutigen Christen: da widerspricht sich etwas fundamental!
Schlimm nur, wenn es kein Erschrecken mehr gäbe über diesen Unterschied, wenn die Kluft nicht mehr gesehen würde, die zwischen ihm bzw. der ursprünglichen Jesus-Bewegung und dem heutigen Christentum besteht; wenn die Heutigen alles und jedes verstehen würden und einzuordnen wüßten, auch das, was die Menschen damals mitriß und zur Entscheidung zwang für oder gegen Jesus.

Nachfolger und Sympathisanten

Wir wissen, die Evangelien sind voll davon, daß Jesus mit Außenseitern der Gesellschaft Verbindung hatte. In seiner Umgebung findet man sie immer wieder: Behinderte, kleine Betrüger, Prostituierte, *verlorene Söhne*, Kranke an Leib und Seele und vor allem: die Ärmsten unter den Armen. Bei ihnen setzte er an, um den *neuen Himmel* und die *neue Erde* zu schaffen; unten begann er. Kein Wunder, daß Jesus schlecht angesehen, ja verpönt war. Mit ihm war kein Staat zu machen, also taugte er nichts, also galt er nichts, also konnte er nichts beschicken. Sein zorniger Kommentar ist bekannt: *Nirgends hat ein Prophet so wenig Ansehen wie in seiner Heimat* (Mk 6,4). Dahinter steckt eine Wahrheit, die jeder auch heute noch überprüfen kann: Wer mit Außenseitern umgeht, sie nicht meidet, sondern im Gegenteil sein Leben mit ihnen teilt, wird früher oder später, aber zwangsläufig, selbst zum Außenseiter. Jesus hat als Konsequenz seiner Botschaft eine Bewegung von Außenseitern ins Leben gerufen. Er zog sie an und zog mit ihnen umher, ohne Wohnung, ohne Familie, ohne Rücksicht auf die nachbarschaftlichen und verwandtschaftlichen „Verpflichtungen". Die ursprüngliche „Jesusbewegung" (G. Theißen) ist eine Bewegung von Menschen, die entweder die Brücken zu ihrem Milieu und ihrer Tradition weitgehend abgebrochen hatten[3], oder die solche Tradition und solche Beziehungen überhaupt nicht kannten, weil sie „kleine Leute" (W. Stegemann), d.h. arm, ja bettelarm waren[4].

Die urchristliche Situation wäre verzeichnet, wenn man meinte, alle, die mit Jesus sympathisierten, seien aus dieser Schicht der Ärmsten gekommen, nicht seßhaft, ohne Familiensinn und – notgedrungen, ohne sonderliche Pietät. Es gab auch andere: seßhafte Sympathisantenkreise, Familien und Gruppen, die den Kern der späteren Ortsgemeinden bildeten. Sie waren gleichsam Stützpunkte für die mittellosen, umherziehenden Jesus-Leute. Auch ihr Leben war nicht ohne Radikalität! Denn was hieß das: Stützpunkt sein? Es hieß (natürlich!) Unterkunft gewähren, zu essen geben, finanziell unterstützen. Aber es hieß vor allem: Sympathie haben für diese Bewegung selbst; denen, die keine Heimat (mehr) hatten, Heimatrecht in einem umfassenden Sinn gewähren. Das war nicht einfach! Immerhin lebten solche Sympathisanten Jesu im dörflichen oder städtischen Milieu, hatten Familien, hatten ihre Tradition und die damit verbundenen gesellschaftlichen Verpflichtungen. – Mit Jesus und seiner Außenseiter-Bewegung sympathisieren, das mußte daher heißen: Konflikte heraufbeschwören; den Insidern und Angepaßten oftmals ins Angesicht widerstehen und Partei ergreifen, d.h. Verdacht, Mißtrauen, Feindschaft auf sich ziehen. – Der Preis der Nachfolge war also auch so noch hoch genug!

Heutige Gemeinden – Sympathisanten für wen?

Damit fällt Licht auch auf die christliche Gemeinde von heute. Ihr soziologisches Urbild dürfte kaum die Armen- und Außenseiterbewegung Jesu sein (ohne Wohnung, Familienbindung und Geld). Es wäre angesichts des biblischen Befunds theologisch nicht nur falsch, ihre Besitz- und Bedürfnislosigkeit einfach auf die seßhaften Gemeinden übertragen zu wollen; es würde überdies zur religiösen Konfusion und Heuchelei führen. Denn die Praxis dieser Leute würde wahrscheinlich (siehe den Umgang mit der Bergpredigt heute!) auf eine sehr verinnerlichte, sehr geistliche und uneigentliche Weise für die Gemeinden vereinnahmt und so in Wirklichkeit für alle verraten. – Ist sie am Ende bereits verraten?
Das Urbild der christlichen Gemeinde von heute, die Familien, Wohnungen und Tradition hat, können redlicherweise nur jene sympathisierenden Familien und Gruppen sein, die damals Stützpunkte für die bettelarmen Jesusleute waren, materiell und ideell. Und dies ist gerade nicht zur bloßen Entlastung der jetzigen Gemeinden gesagt! Im Gegenteil: In einer Gesellschaft wie der unseren, die ganz auf Profit und raschen Erfolg abgestellt ist, die fast zwangsläufig in die Anpassung drängt, wird die wahre, zum Stützpunkt gewordene Gemeinde Jesu um so schneller isoliert und unter Druck gesetzt sein. (Warum ist die gegenwärtige christliche Gemeinde so wenig isoliert, warum ist sie gesellschaftlich so wohlgelitten?)
Wenn der Gemeinde an ihrer ursprünglichen christlichen Identität läge, würde sie zum Stützpunkt für diejenigen werden, die in dieser Gesellschaft auf der Strecke bleiben; sie würde Sensibilität für die Opfer (drinnen und draußen) entwickeln. Das setzt Analyse, intensives Gespräch, zähe Bemühung voraus. Sie würde sich schließlich entscheiden (und die Frage gefallen lassen), wen sie stützen und stabilisieren will: Die Geschädigten und Beschädigten der Wohlstandsgesell-

schaft, die millionenfach, wie uns langsam dämmert, in den Ländern der Dritten Welt dahinvegetieren oder die Wohlstandsgesellschaft und -ideologie gegen ihre Opfer.

Grüßt niemand unterwegs (Lk 10,1–9)

*[1]Danach suchte der Herr zweiundsiebzig an-
dere aus und sandte sie zu zweit voraus in alle
Städte und Ortschaften, in die er selbst gehen
wollte. [2]Er sagte zu ihnen: Die Ernte ist groß,
aber es gibt nur wenig Arbeiter. Bittet also den
Herrn der Ernte, Arbeiter für seine Ernte
auszusenden. [3]Geht! Ich sende euch wie Scha-
fe mitten unter die Wölfe. [4]Nehmt keinen
Geldbeutel mit, keine Vorratstasche und keine
Schuhe! Grüßt niemand unterwegs! [5]Wenn
ihr in ein Haus kommt, so sagt als erstes:
Friede diesem Haus! [6]Und wenn dort ein
Mann des Friedens wohnt, wird der Friede,
den ihr ihm wünscht, auf ihm ruhen; andern-
falls wird er zu euch zurückkehren. [7]Bleibt in
diesem Haus, eßt und trinkt, was man euch
anbietet; denn wer arbeitet, hat ein Recht auf
seinen Lohn. Zieht nicht von einem Haus in
ein anderes!*

Ein Widerspruch?

Seltsamer Widerspruch zwischen dem Verbot, unterwegs zu grüßen, und der Aufforderung, im Haus des Friedens zu verweilen! Werden die Jünger nicht rasch als unfreundliche, unzugängliche Gesellen verschrien sein, denen sich ein Haus, wo sie bleiben könnten, kaum noch wird öffnen wollen – zumal Gruß und Freundlichkeit eine orientalische Selbstverständlichkeit und Pflicht sind? Warum also soll nicht gegrüßt werden unterwegs?

Angeredet sind die umherziehenden Jesusleute, und so könnte es sich um eine Verhaltensregel für Minderheiten handeln, die wegen ihrer gesellschaftlichen Marginalisierung oder gar Ächtung Kontakte nach außen nicht eben suchen. Oder ist Jesu Forderung Element einer wohlüberlegten Strategie: Sollen sich die Jünger auf die „Sympathisantenkreise" der Jesusbewegung beschränken, subversiv verschworen, isoliert von der Außenwelt, mit umso höherer Binnenkommunikation?
Aber die Anweisung existiert bereits lange vor Jesus. Schon Gehasi erhält sie bei seiner Aussendung von Elischa: *Gürte dich, nimm meinen Stab in die Hand und mach dich auf den Weg! Wenn du jemandem begegnest, so grüße ihn nicht, und wenn dich jemand grüßt, so antworte ihm nicht* (2 Kön 4,29). – Gehasi wurde gesandt, um das tote Kind der Schunemiterin zum Leben zu erwecken. Die Anweisung scheint mit der Dringlichkeit dieses Auftrags zu tun zu haben, mit der Tatsache, daß es um Leben und Tod geht, um einen Kampf mit der Zeit.
Man muß wissen, daß im Orient „Grüßen" mehr ist als eine flüchtige Geste. Grüßen erfordert Zeit, Muße, die in aller Regel auch vorhanden ist. – Einladen und sich einladen lassen; Gastfreundschaft gewähren und selbst zu Gast sein; auf der Reise nicht nur kurz stehenbleiben und ein paar Worte wechseln, sondern sich niederlassen, Gespräche beginnen, debattieren, das unterhaltsame Streitgespräch suchen; sich aber auch informieren und Informationen weitergeben, zugleich kleine Geschäfte tätigen und ein wenig reden über andere, Gerüchte weitergeben und mit auf die Reise nehmen – all dies ist „Grüßen" im orientalischen Sinne des Wortes, all dies wird den Jüngern untersagt.
Warum? Weil wieder Wunder vollbracht werden müssen, wie bei Gehasi, und weil es eilt? So daß die knappe Zeit von den Jüngern besser genutzt werden soll: nicht für die kleinen, oberflächlichen Kontakte und Redereien am Rande der Reise, sondern für die intensiven Begegnungen am Ende, wo sich alles

entscheidet, wo noch eine ganz andere „Reise" bevorsteht und die biblische Alternative lautet: Umkehr oder Selbstbehauptung, Nachfolge oder Stillstand, Leben oder Tod?

[8]Wenn ihr in eine Stadt kommt und man euch aufnimmt, so eßt, was man euch vorsetzt. [9]Heilt die Kranken, die dort sind, und sagt den Leuten: Das Reich Gottes ist euch nahe.

Leben erwecken!

Das zu vollbringende Wunder: es ist zum Teil auch eine Frage der Organisation der Zeit und der nicht unbegrenzt zur Verfügung stehenden Kräfte!
Wie die Zeit vergeht: sie ist angeblich nicht mehr vorhanden und wird doch – für Konversation z. B. – reichlich vertan. Auch in unserem Kulturkreis gebietet es die Höflichkeit, zu grüßen: Stehenbleiben, freundlich-nichtssagende Erkundigungen nach dem Befinden. „Wie geht es dir?" – entlarvender kann das Desinteresse am anderen meistens nicht sein! Parlando verstreicht die Zeit. – Wie gut es tut, unter sich zu sein, dasselbe zu denken, zu wünschen, zu besitzen, zu verabscheuen – ohne tiefergehende Ansprüche und Verbindlichkeiten.
Schnell ist jedoch der Punkt erreicht, wo die „anderen", Andersdenkenden und Abweichler ausgemacht sind. Egal, weswegen sie nicht zu uns gehören: Ihnen gilt ein Großteil der Aufmerksamkeit, Genauigkeit und Strenge unserer „freundlichen" Beziehungen am Weg, die wir „grüßend" aufrechterhalten.
Grüßt niemand! – Dies bedeutet nicht, daß Christen jenes Netz der Konvention und Konversation, in dem sich Men-

schen offenbar geborgen fühlen, leichthin zerstören oder verachten sollen; auch nicht, daß sie sich auf den eigenen Kreis zurückziehen sollen, um am Ende doch nur wieder unter sich zu sein, christlich zwar, aber inzüchtig, ohne die belebende Kommunikation mit den anderen, ohne die geringste Chance des Wunders.

Grüßt niemand unterwegs!, das hieße vielmehr, sich den flüchtigen Konversationen zu verweigern, um die verbindlichen Gespräche zu ermöglichen; hieße, die ganze Kraft und Zeit auf die langen, ruhigen, wahrhaftigen und darum tröstlichen Beziehungen verwenden, durch die wirklich werden soll, was im Gruß, bestenfalls, nur symbolisch gemeint ist: Gnade, dauerhaftes Glück.

Es hieße, das Netz der sympathischen Kontakte zu knüpfen, in dem auch die anderen aufgefangen würden; hieße, nie einfach nur „unterwegs" zu sein, getrieben von allen möglichen Zwekken, sondern dort, wo Menschen begegnen, immer auch am Ziel zu sein. *Zieht nicht von einem Haus in ein anderes!* Also: die Zeit, die wir nicht haben, ergreifen, und die Menschen, denen wir „grüßend" aus dem Wege gehen, nahe heranlassen; das Terrain der Menschlichkeit vergrößern, an Gehasi denken: daß noch Leben zu erwecken, Wunder zu vollbringen sind und daß die Zeit drängt.

Lied / Stille

Was ich habe, will ich nicht verlieren, aber
wo ich bin, will ich nicht bleiben, aber
die ich liebe, will ich nicht verlassen, aber
die ich kenne, will ich nicht mehr sehen, aber
wo ich lebe, da will ich nicht sterben, aber
wo ich sterbe, da will ich nicht hin:
Bleiben will ich, wo ich nie gewesen bin.

(Thomas Brasch)

Rollenzwang und messianische Freiheit (Lk 10, 38–41)

38 Sie zogen zusammen weiter, und er kam in ein Dorf. Eine Frau namens Marta nahm ihn freundlich auf. 39 Sie hatte eine Schwester, die Maria hieß. Maria setzte sich dem Herrn zu Füßen und hörte seinen Worten zu. 40 Marta aber war ganz davon in Anspruch genommen, für ihn zu sorgen. Sie kam zu ihm und sagte: Herr, kümmert es dich nicht, daß meine Schwester die ganze Arbeit mir allein überläßt? Sag ihr doch, sie soll mir helfen! 41 Der Herr antwortete: Marta, Marta, du machst dir viele Sorgen und Mühen. 42 Aber nur eines ist notwendig. Maria hat das Bessere gewählt, das soll ihr nicht genommen werden.

Marta

Marta wird gescholten. Doch zunächst springen bei ihr Vorzüge ins Auge: Ihre Gastlichkeit zum Beispiel! Sie ist es, die Jesus und wahrscheinlich eine Reihe von Jesusleuten und Interessierten aufnimmt, die mitgezogen waren und sich nun niedergelassen haben – Maria mitten unter ihnen –, um ihm zuzuhören. Währenddessen tut Marta die Dinge, die getan werden müssen, um die Begegnung mit Jesus zu einem Fest zu machen.

Wohltuend ist Martas Nüchternheit. In den Evangelien spürt man nur selten etwas von dieser ungekünstelten, handfesten

Diesseitigkeit, die Marta ausstrahlt. Eine tüchtige, realistische Frau, die im Leben steht, die weiß was sie will, die gleichzeitig tut, was man von ihr als Frau erwartet und die außerdem (wie sich daran zeigt, daß sie sogar Jesus zur Rede stellt) selbstbewußt auftreten kann: *Kümmert es dich nicht, daß meine Schwester die ganze Arbeit mir allein überläßt?*

Marta, Marta, du machst dir viele Sorgen und Mühen. Aber nur eines ist notwendig. Damit reagiert Jesus nicht nur auf Martas Beschwerde; auch nicht allein auf einen vielleicht überzogenen Anspruch, ein zu stabiles Selbstbewußtsein der Hausherrin. Es geht um mehr: um die Rolle, die sie spielt, genauer: um das Recht der Rolle und das Recht des Messias. Jesus als der Offenbarer: dort, wo er auftritt, fällt schlagartig Licht auf die Verhältnisse und Mentalitäten, in denen Menschen ebenso unbefragt wie unerlöst leben: der reiche Jüngling (Lk 18,18ff); die auf ihre Familienrechte pochende Verwandtschaft (Lk 8,9 ff); die selbsternannten Sittenwächter (Lk 7,36ff) und die Traditionspfleger von Amts wegen: die Schriftgelehrten und Pharisäer; auch Marta, die Hausfrau und Gastgeberin. Es hätte für Marta Mut gekostet, wäre sie pflichtvergessen gewesen, hätte sie sich von ihrer Rolle, die stattdessen automatisch abzulaufen scheint, wenigstens für einen Moment befreit. So aber entfaltet sie eine Geschäftigkeit, von der man nicht weiß, ob sie Gewohnheit oder nicht eher schon Flucht ist: der vielleicht unbewußte Versuch, sich einer Kommunikation mit Jesus zu entziehen, in der sie sich als Hausfrau ohnehin nicht recht auskannte und die außerdem ganz unüblich war – für sie als Frau.

So verpaßt Marta, unfähig, ihre Rolle zu relativieren, jenen kurzen, messianischen Augenblick, von dem Jesus sagt, daß nur er für den Menschen *notwendig* sei, sonst nichts. – Welche Erfahrung versäumt Marta? Sicher bereits die eine, urbiblische: daß nicht der Mensch für die Rolle, sondern daß die Rolle für den Menschen da ist.

Maria wird von Jesus gelobt. Doch das ist keineswegs selbstverständlich! Sie sitzt da und führt Gespräche. Wirkt sie nicht bequem, wie jemand, der andere (die eigene Schwester!) für sich arbeiten läßt, weil er kein Verhältnis zu seinen Pflichten, zu seiner Rolle hat? Könnte man nicht finden, sie sei einfach unsolidarisch, egozentrisch, ohne Blick für ihre Umgebung? Darüber hinaus wird man feststellen dürfen, daß Maria ihre damals gebotene weibliche Zurückhaltung gegenüber einem Mann vergißt, hintanstellt und sich sehr „gewagt", sehr „frei" benimmt; um es direkter zu sagen: unerzogen. Martas Beschwerde dürfte nicht zuletzt als eine schwesterliche Rüge zu verstehen sein.

Dennoch ist Maria die Reifere und Realistischere. Sie kann Wesentliches vom Unwesentlichen trennen und das Wesentliche an die erste Stelle setzen; sie vermag den Augenblick wahrzunehmen, wo man die eingespielte Ordnung, die „normalen" Abläufe unterbrechen, Erwartungen enttäuschen und dem *Einen, Notwendigen* folgen muß. Dabei handelt sie spontan, intuitiv. Ihr ganzes Wesen muß geprägt gewesen sein von dieser Freiheit.

Die vielen notwendigen Dinge, die getan werden müssen, stellt sie zurück, was zur Folge hat, daß sie in den Augen Martas (und wohl nicht nur in ihren Augen!) als weltfremd erscheint. In Wirklichkeit zahlt sie nur den Preis dafür, Jesus zuzugehören, den entscheidenden Moment nicht zu verpassen, da *diesem Haus das Heil geschenkt* (Lk 19,9) wird.

Es sind diejenigen, die den Bruch, ja den Aufstand gegen ihr bisheriges Leben wagen, die zu Jesus gehören: Zachäus und Levi, die Zöllner; Simon und Andreas, Jakobus und Johannes, die Fischer; Maria, die „Sünderin". *Wenn jemand zu mir kommt und nicht Vater und Mutter, Frau und Kinder, Brüder und Schwestern, ja sogar sein Leben gering achtet, dann kann er nicht mein Jünger sein* (Lk 14,26).

Maria, die Schwester Martas, setzt sich durch ihren Ungehorsam gegenüber der Rolle als Hausfrau und Frau Aggressionen und Mißverständnissen aus, macht sich angreifbar – so sehr, daß Jesus sie verteidigen und in Schutz nehmen muß: *Maria hat das Bessere gewählt, das soll ihr nicht genommen werden.*

Jesus

Daß Jesus für Maria Partei ergreift, hat damit zu tun, daß Marta nicht nur die Stärkere, sondern wahrscheinlich auch die Anerkanntere war: Welches Befremden mag in der Runde geherrscht haben, welche Peinlichkeit, als sich Marta über die Schwester beklagt.
In einer Welt, damals und heute, in der die Tugenden der Rollenkonformität und des Gehorsams favorisiert, in der das freie Gewissen geprüft, unabhängige Gesinnungen verdächtigt, Phantasie und Spontaneität nur in der Werbung wirklich gewünscht werden, in der Außenseiter und Abweichler diskriminiert und kriminalisiert werden – in einer Gesellschaft wie der unseren stellt sich Jesus schützend vor Menschen wie Maria, die kleine bedrohte Freiheit verteidigend gegen den erhabenen Anspruch der Pflicht und der Ordnung. – Und Menschen wie Maria hören auf seine Stimme.

Eine kritische Friedensbotschaft (Lk 12, 49–53)

49*Ich bin gekommen, um Feuer auf die Erde
zu werfen. Wie froh wäre ich, es würde schon
brennen!* 50*Ich muß mit einer Taufe getauft
werden, und ich bin sehr bedrückt, solange sie
noch nicht vollzogen ist.* 51*Meint ihr, ich sei
gekommen, um Frieden auf die Erde zu bringen?
Nein, sage ich euch, nicht Frieden, sondern
Spaltung.* 52*Denn von nun an wird es so
sein: Wenn fünf Menschen im gleichen Haus
leben, wird Zwietracht herrschen: Drei werden
gegen zwei stehen und zwei gegen drei,*
53*der Vater gegen den Sohn und der Sohn
gegen den Vater, die Mutter gegen die Tochter
und die Tochter gegen die Mutter, die Schwiegermutter
gegen ihre Schwiegertochter und
die Schwiegertochter gegen die Schwiegermutter.*

Konfliktbesessener Jesus?

Mit Ausnahme der Entzweiung zwischen Schwiegermutter und Schwiegertochter dürfte fast alles an diesem Text unverständlich sein und zum Widerspruch reizen: Wozu sonst ist der Messias gekommen, wenn nicht dazu, *Frieden auf die Erde zu bringen!* Neben der Botschaft von der Liebe scheint diejenige vom Frieden innerhalb der christlichen Verkündigung am vertrautesten, plausibelsten und verbreitetsten zu sein: Päpstliche Initiativen, Hirtenworte, Liturgie und religiöses Schrifttum bestätigen das je auf ihre Weise. Jesus hat mit seinem apokalyptisch angeschärften Wort ganz offensichtlich desillusionieren wollen: nicht Frieden bringe er, sondern Entzweiung, in den Familien, in der Gesellschaft, überall – auch in der Kirche. Doch warum? Ist das die ernüchternde Feststellung der urchristlichen Gemeinde, die nichts als Liebe und Frieden schaffen wollte, ohne in Wirklichkeit friedensfähig zu sein, ja werden die Spannungen zwischen den Menschen durch das Christentum sogar noch erhöht, indem die „frohe" Botschaft statt zur Befriedung, erst recht zur Polarisierung der Geister und zu einem Klima gegenseitiger Aggressivität beiträgt? – Also ist es Resignation, die aus unserem Text spricht, bzw. der Trotz, weiterzumachen, koste es was es wolle, selbst wenn es die eigentliche christliche Idee auf den Kopf stellte?

Feuer auf die Erde zu werfen

Doch da ist das Wort vom Feuer: *Ich bin gekommen, um Feuer auf die Erde zu werfen. Wie froh wäre ich, es würde schon brennen.*

Hier ist nicht Resignation zu spüren, auch nicht verbohrter Idealismus, sondern Bekenntnis, Programm, Leidenschaft, auch Leiden: das Leiden dessen, der Erfahrungen mit der Herzenshärte der Menschen, mit der Saat auf steinigem Grund gemacht hat, bis hin zum Kreuz: *Ich muß mit einer Taufe getauft werden, und ich bin sehr bedrückt, solange sie noch nicht vollzogen ist.*

Aber wie soll man dieses leidenschaftliche Programm verstehen, geschweige übernehmen, wo es doch so offensichtlich in Widerspruch zu allem steht, wovon Menschen und nicht zuletzt auch Christen ausgehen und was sie erhoffen? – Genauso soll es verstanden werden: als Widerspruch, als Kampfansage an die Selbstverständlichkeiten eines Lebens, in dem Ruhe, Sicherheit und Harmonie ganz oben stehen, als wären sie Inbegriff dessen, was von Gott erhofft werden kann; in dem die christliche Religion oft gleichsam nur noch ornamentale Funktionen der Überhöhung, der Bestätigung, der

Rechtfertigung besitzt und dies trotz Golgata, obwohl alles, was im Christentum wirklich tragen und trösten kann, geboren sein muß aus dem Wissen um Tod und Auferstehung, um einen noch nicht abgeschlossenen, lebensgefährlichen Prozeß! – „Ich habe in den letzten Jahren mehr und mehr die tiefe Diesseitigkeit des Christentums kennen und verstehen gelernt; nicht ein homo religiosus, sondern ein Mensch schlechthin ist der Christ, wie Jesus – im Unterschied wohl zu Johannes dem Täufer – Mensch war. Nicht die platte und banale Diesseitigkeit der Aufgeklärten, der Betriebsamen, der Bequemen oder der Lasziven, sondern die tiefe Diesseitigkeit, die voller Zucht ist, und in der die Erkenntnis des Todes und der Auferstehung immer gegenwärtig ist, meine ich." (D. Bonhoeffer, am Tag nach dem gescheiterten Hitler-Attentat vom 20. Juli 1944, an dessen Vorbereitung er beteiligt war und wofür man ihn mit dem Leben büßen ließ.)[5]
Also wäre zu lernen, daß die gängige religiöse Erwartung falsch ist; daß Jesus nicht der „Friedensfürst" unserer von Krieg und Unruhe, Angst und Schrecken beherrschten Welt ist? – Er ist es! Doch anders, als gemeinhin geglaubt wird. So nämlich, daß der Friede, den er bringt, im „Feuer" gehärtet ist: im Feuer der *Unterscheidung der Geister* (1 Kor 12,10)! In diesem Feuer sind alle pfingstlichen Gaben enthalten: Wahrheit, Gerechtigkeit, Liebe und – Frieden, die in ihrer spannungsvollen Einheit immer noch bedroht, angefochten oder gar verachtet sind in den sogenannten „Friedensordnungen" der Welt. In diesem „Feuer" ist die ganze Spannung zwischen Tod und Auferstehung gegenwärtig.

„Frieden" stören

Der Friede, der normalerweise angestrebt wird, hat oft sehr wenig mit einem solchen kämpferischen, aus Wahrheit, Gerechtigkeit und Liebe erwachsenen Frieden zu tun. Der

normale Friede ist meist nur zum Schein friedlich, in Wirklichkeit trägt er aggressive, gewaltsame, also verlogene Züge, schon im privaten Bereich: „um des lieben Friedens willen" wird beschwichtigt, geglättet, verwischt; Störenfriede werden mit tödlicher Feindseligkeit im kleinen wie im großen verfolgt und zum Schweigen gebracht; wo der Friede politisch begehrt und propagiert wird, da entspricht dies in der Regel dem Bedürfnis nach nationaler und persönlicher Sicherheit und Karriere, egal, ob anderen dadurch Gerechtigkeit zuteil wird, von Liebe und Solidarität ganz zu schweigen. Und das Christentum? Es ist, wie J. Galtung in diesem Zusammenhang spitz aber nicht unzutreffend feststellt, „eine zweitausendjährige Übung in struktureller Blindheit" gewesen[6].
Jesus verkündet den aus Wahrheit, Gerechtigkeit und Liebe geborenen Frieden, was nicht ohne Folgen bleibt. Das Wort von der Entzweiung zwischen Vater und Sohn, Mutter und Tochter deutet es an: der in dieser kritischen Spannung gelebte Frieden führt zu Auseinandersetzungen in einer Welt und Gesellschaft, die nichts selbstverständlicher und bequemer findet, als sich mit dem äußeren Schein des Friedens zu zieren, um die Inhalte des Friedens: Wahrheit und soziale Gerechtigkeit desto ungestörter vernachlässigen zu können.

Frieden stiften

Christen gehören zu denen, die den Frieden als schönen, aber verlogenen Schein überall wo er besteht, erkennen, um ihn in seiner Einheit von Wahrheit, Gerechtigkeit und Liebe einzuklagen und zu verwirklichen. Die Frage stellt sich bereits im Kleinen: Wie reagiere ich auf Infragestellungen, Divergenzen, Auseinandersetzungen, Kritik, d. h. auf die Unterscheidung und Scheidung der Geister angesichts zentraler Probleme? Reagiere ich nicht gewöhnlich verstimmt auf den Kritiker oder „Abweichler", weil ich „meinen Frieden" haben möchte und gewöhnt bin, darauf zu achten, daß die Oberflächen stimmen, nicht die Grundlagen von Wahrheit und Gerechtigkeit; verhindere ich damit nicht wichtige Prozesse der Humanisierung und – Evangelisierung, gerade heute, wo es darauf ankommen wird, die Selbstverständlichkeiten des modernen Lebens um des Überlebens willen zu hinterfragen, zu prüfen, zu durchbrechen?

Es ist die Frage gestellt, was Christen wollen: das Evangelium und den pfingstlichen Geist, also Frieden und Feuer, Frieden als Resultat eines wahrhaftigen, gerechten, solidarischen Prozesses, oder einen religös verbrämten *Frieden, wie die Welt ihn gibt* (Joh 14,27), der in Wirklichkeit das Feigenblatt einer verlogenen Mentalität ist, die bereits Jesus von Nazaret und mit ihm unendlich viele andere heilige Störenfriede auf dem Gewissen hat. – *Selig, die Frieden stiften. Selig, die um der Gerechtigkeit willen verfolgt werden (Mt 5,9f).*

II. Wunder sind möglich

Wasser zu Wein (Joh 2,1–11)

[1]Am dritten Tag fand in Kana in Galiläa eine Hochzeit statt, und die Mutter Jesu war dabei. [2]Auch Jesus und seine Jünger waren zur Hochzeit eingeladen.

Hochzeit

In Kana, wie auf den meisten Hochzeiten, wird alles getan worden sein, um das Glück, das man mit dem Gedanken an die Ehe verbindet, wenigstens für den einen festlichen Augenblick, gleichsam wie ein Versprechen auf die Zukunft, sichtbar zu machen. Ein großer Kreis ist eingeladen, auch Jesus und seine Leute, um die Offenheit und Gastfreundschaft, die man als Ideal mit der Ehe verbindet, von vornherein anschaulich zu machen. Und gespart werden soll auch nicht: „Stoffe", die dem Fest auf andere Weise Glanz verschaffen, sind reichlich vorhanden.
Aber der feierliche Aufwand dieser Hochzeit, wie fast aller Hochzeiten, dürfte in einem direkten Verhältnis zu der Sorge stehen, daß all dies, was da wie ein Unterpfand für die Zukunft sichbar gemacht werden soll, zerbrechen könnte, zerbrechlich sei. Um nicht mißverstanden zu werden: solche Angst dürfte realistisch sein und der wäre naiv, der sie nicht empfände.

[3]Als der Wein ausging, sagte die Mutter Jesu zu ihm: Sie haben keinen Wein mehr. [4]Jesus erwiderte ihr: Was willst du von mir, Frau? Meine Stunde ist noch nicht gekommen. [5]Seine Mutter sagte zu den Dienern: Was er euch sagt, das tut!

Schon allzu bald zeigt sich auf der Hochzeit zu Kana, daß der feierliche Augenblick, in dem das Glück der Ehe demonstriert werden soll, bedroht ist. Der Wein ist nur das äußere Symbol: wo der Wein zur Neige geht, dort geht das Fest und die mit diesem Fest gemeinte und sichtbar gemachte Fülle und Offenheit des gemeinsamen Lebens zur Neige; dort entzieht sich dieser zerbrechliche Moment, in dem man vorwegnehmen und bannen will, was scheinbar dennoch nicht festzuhalten ist. Wo aber der Wein und das Fest zur Neige gehen und schon das Wasser der Alltäglichkeit wieder zum Vorschein kommt, dort setzt entweder die Durchschnittlichkeit mit ihren enger werdenden Kontakten und ihren auf das Besorgen des Privaten abgestellten Interessen ein – am Ende bleiben nur noch Stumpfsinn und Erstarrung –, oder es geschieht das Wunder der Verwandlung, das Wunder der Hochzeit zu Kana.

[6]Es standen dort sechs steinerne Wasserkrüge, wie es der Reinigungsvorschrift der Juden entsprach; jeder faßte ungefähr hundert Liter. [7]Jesus sagte zu den Dienern: Füllt die Krüge mit Wasser! Und sie füllten sie bis zum Rand. [8]Er sagte zu ihnen: Schöpft jetzt, und bringt es dem, der für das Festmahl verantwortlich ist. Sie brachten es ihm. [9]Er kostete das Wasser, das zu Wein geworden war. Er wußte nicht,

woher der Wein kam; die Diener aber, die das Wasser geschöpft hatten, wußten es. Da ließ er den Bräutigam rufen [10]*und sagte zu ihm: Jeder setzt zuerst den guten Wein vor und erst, wenn die Gäste zuviel getrunken haben, den weniger guten. Du jedoch hast den guten Wein bis jetzt zurückgehalten.* [11]*So tat Jesus sein erstes Zeichen, in Kana, in Galiläa, und offenbarte seine Herrlichkeit, und seine Jünger glaubten an ihn.*

Verwandlung

Das Wunder der Verwandlung: Jesus verwandelt das Wasser der Alltäglichkeit und Normalität in Wein. Und der Wein ist qualitativ besser geworden und es gibt Unmengen davon, die sich nicht ausschöpfen lassen. – Jener zerbrechliche Augenblick der Hochzeitsfeier, in dem die Verheißungen des gemeinsamen Lebens wenigstens für einen Augenblick sichtbar und öffentlich werden, hält an. Der drohende Abfall in die Banalität ist gestoppt. Das Wasser wurde zu Wein.
Wie war das möglich? Einfach so, daß die materielle Basis des Festes verlängert wurde, so daß die Gäste bleiben können? Nein! Die materielle Sicherung von Glück und Freundschaft, von Besitz und Wohlstand ist vor Verausgabung nicht sicher. Im Gegenteil! Johannes, der Autor unserer Geschichte, dachte an etwas anderes, etwas, das sich nicht verausgaben läßt. Er dachte daran, daß die Verwandlung mit dem Glauben an Jesus zu tun hat: an ihn, als den guten Wein des Lebens, von dem alle trinken müssen, um der Resignation enthoben und für die Fülle und Tiefe des irdischen Lebens gerettet zu sein.
Soll an Wunder geglaubt werden – an das Wunder der Verwandlung? Und zwar nicht nur so, daß man Wandlung für etwas kultisch Machbares, sondern daß man Wunder der

Verwandlung für eine immer angebotene, göttliche Möglichkeit des eigenen, alltäglichen Lebens hält?
Solche Verwandlung begänne bereits dort, wo jemand aus der Beziehungslosigkeit, in der Menschen normalerweise leben, ausbricht und sein Geheimnis zu teilen versucht, wo also Menschen anfangen, ihre Blockaden zu durchbrechen, Erfahrungen auszutauschen und zu erläutern, das eigene Verhalten begreifbar zu machen, d. h. sich zu erkennen zu geben, was wiederum nichts anderes besagt als: einander zu lieben.

Liebe

Alles in ihnen würde zu Leben und Sichtbarkeit erweckt, und dies wäre schon ein Wunder. Solche Verwandlung hat zugleich etwas Mitreißendes: Ist einer erst aus seinen Fesseln befreit – und Liebe legt keine neuen Fesseln an! – dann ist er offen und frei für neue Verbindungen; er braucht nicht mehr ängstlich an sich selbst und seinem Partner zu hängen, einsam zu zweit, vielmehr will er das Glück als umfassendes. Wirkliche Liebe ist gastfreundlich und nicht nur das: sie ist eine Quelle der Freundschaft, weit über die routinemäßigen sogenannten „Freundschaften" hinaus.
Im Blick auf Jesus wissen wir, daß solche Liebe kein Traum ist. Seine Beziehung zu den Menschen hatte die Gestalt befreiender Sympathie; Annahme hieß für ihn Freigabe, hieß Entfesselung aller humanen Möglichkeiten, die in uns liegen, hieß Anstiftung zu radikaler Freundschaft und Solidarität. *Jeder, der liebt, stammt von Gott und erkennt Gott* (1 Joh 4,7). Von dieser Erfahrung sprechen die Evangelien.
Ich glaube an das Wunder der Verwandlung, wie es in Kana geschah. Ich glaube, daß der Wein und das Glück, die wir immer für Momente, gleichsam magisch, bannen wollen, nicht spießbürgerlich-privat verkommen und der geschäftlichen „Solidarität" und kalkulierten „Freundschaft" weichen müs-

sen; daß das Glück derer, die wirklich lieben, diese gesellschaftlichen Pseudo-Beziehungen hinter sich lassen bzw. denen überlassen kann, die an ihrem Glück schon verzweifelt sind.

Jesus Christus ist der Wein des Lebens, der auf jenen „Festen" eingeschenkt wird, aus denen das wirkliche, dauerhafte Glück besteht: Feste, die nicht in den Sackgassen des Privaten und des bloß „Familiären" enden und die auch nicht auf den Rücken der Unglücklichen und Benachteiligten gefeiert werden. – Christlicher Glaube beruht auf der Zuversicht, daß Kana wiederholbar ist, daß Wunder möglich sind, daß die Wirklichkeit mehr ist als das, was der hoffnungslos „nüchterne" Blick von ihr zu Gesicht bekommt.

Gelähmte stehen auf (Mk 2,1–12)

1 Als er einige Tage später nach Kafarnaum
zurückkam, wurde bekannt, daß er (wieder)
zu Hause war. 2 Und es versammelten sich so
viele Menschen, daß nicht einmal mehr vor
der Tür Platz war; und er verkündete ihnen
das Wort. 3 Da brachte man einen Gelähmten
zu ihm; er wurde von vier Männern getragen.
4 Weil sie ihn aber wegen der vielen Leute nicht
bis zu Jesus bringen konnten, deckten sie dort,
wo Jesus war, das Dach ab, schlugen (die
Decke) durch und ließen den Gelähmten auf
seiner Tragbahre durch die Öffnung hinab.
5 Als Jesus ihren Glauben sah, sagte er zu dem
Gelähmten: Mein Sohn, deine Sünden sind dir
vergeben! 6 Einige Schriftgelehrte aber, die
dort saßen, dachten im stillen: 7 Wie kann
dieser Mensch so reden? Er lästert Gott. Wer
kann Sünden vergeben außer dem einen Gott?
8 Jesus erkannte sofort, was sie dachten, und
sagte zu ihnen: Was für Gedanken habt ihr im
Herzen? 9 Ist es leichter, zu dem Gelähmten zu
sagen: Deine Sünden sind dir vergeben!, oder
zu sagen: Steh auf, nimm deine Tragbahre,
und geh umher? 10 Ihr sollt aber erkennen, daß
der Menschensohn die Vollmacht hat, hier auf
der Erde Sünden zu vergeben. Und er sagte zu
dem Gelähmten: 11 Ich sage dir: Steh auf,
nimm deine Tragbahre, und geh nach Hause!
12 Der Mann stand sofort auf, nahm seine
Tragbahre und ging vor aller Augen weg. Da
gerieten alle außer sich; sie priesen Gott und
sagten: So etwas haben wir noch nie gesehen.

Sünde lähmt

Daß der Gelähmte des heutigen Evangeliums auch ein Sünder ist, empfindet man als mehr oder weniger selbstverständlich. Wer ist kein Sünder! Aber die andere Überlegung will nicht einleuchten, obwohl sie die biblische ist: daß Lähmung und Schuld in Zusammenhang stehen; daß Sünden lähmen können; daß alle in Schuld verstrickt sind und daß das eigentliche Wunder darin besteht, diesen Verstrickungs- und Lähmungszusammenhang – die Sünde! – aufzuheben.

Die Gelähmten sind wir

Anzeichen der Lähmung heute: Menschen haben weithin aufgehört, Herren im eigenen Hause, d. h. selbstbestimmte und verantwortliche Individuen zu sein. Sie besorgen die Geschäfte anderer, die ihrerseits anderer Leute Geschäfte betreiben. Die Prozesse laufen mehr oder weniger anonym ab. – Schon als verdienender und steuerzahlender Bürger dieses Landes bin ich, ob ich will oder nicht, verstrickt in das langsam in die Katastrophe treibende und längst vom Wahnsinn beherrschte Wettrüsten, indem ich Anteil habe am Zustandekommen eines, verglichen mit dem Welthungerproblem unverantwortlich hohen Verteidigungshaushalts. Ich zahle willig die Mieterhöhung und beteilige mich so daran, die Zahl derer zu vergrößern, die immer weniger Geld für etwas anderes als die Miete zurückbehalten. – Mit dem Kaffee, den ich jeden Morgen trinke, betrüge ich diejenigen, die ihn anbauten, um den größten Teil ihres Lohnes, der von großen Konzernen (die unseren Wohlstand mitbegründen) extrem niedrig gehalten wird.

Soll daher kein Kaffee mehr getrunken, kein weißer Zucker mehr gekauft, kein Büttenpapier mehr benutzt werden? Sollen wir aufhören, unseren Wohlstand in diesem Land zu kultivieren? Oder – wenn diejenigen recht haben, die sagen, solche Askese sei naiv – sollen wir uns Augen und Ohren zuhalten und lernen, wie man über das Wesentliche schweigt; einwilligen in jene Situation, die alle langsam krank macht und lähmt: das Hirn, die Wahrnehmung, den Charakter, die Courage und die uns komplizenhaft einbezieht in den Verstrickungszusammenhang des Bösen? – Wer befreit uns aus diesem Teufelskreis? Wer durchbricht die Sprachlosigkeit, die uns befallen hat, wer zeigt neue Wege auf?

Wir selbst können tragen

Da brachte man einen Gelähmten zu ihm; er wurde von vier Männern getragen. Weil sie ihn aber wegen der vielen Leute nicht zu Jesus bringen konnten, deckten sie dort, wo Jesus war, das Dach ab, schlugen die Decke durch und ließen den Gelähmten auf seiner Tragbare durch die Öffnung hinab. – Der Gelähmte ist völlig hilflos. Ihm fehlt die Kraft. Allein hat er keine Chance, sich zu befreien. Kein Protest gegen seine schlimme Lage, keine noch so ehrliche und schonungslose Selbstanklage, kein noch so reuevoller Verzicht, würden ihn dauerhaft herausreißen aus dem lähmenden Zusammenhang der Schuld. – Er braucht Menschen, die ihn entdecken und die ihn nicht nur betreuen und so in seinem Schicksal bestätigen, sondern die ihn mitnehmen und – trotz der Passivität und Zuschauermentalität der „Menge" – zu Jesus bringen. Hier beginnt das Wunder.

Diese fünf: der Gelähmte und die vier, die ihn tragen, sind ein Bild der Gemeinde Jesu. Nicht, daß die Gemeinde aus vier Gesunden und einem Gelähmten bestände, dem ihre mitleidig-caritative Fürsorge gilt: Sie selbst ist krank und zugleich fähig zu tragen. – „Krank" ist sie, weil auch sie verstrickt ist und verstrickt bleibt in den weltweiten Schuldzusammenhang, der die heutige Menschheit zu lähmen droht. Trotzdem kann die

Gemeinde „tragen“, wenn sie sich nur aus der „Menge“ löst – aus der „schweigenden Mehrheit“ der religiös Konsumierenden, der passiven Anbeter innerhalb und außerhalb der Kirche – und einen praktischen, d. h. solidarischen Zugang zu Jesus sucht: Sie wird ihn finden, wenn es sein muß trickreich (V.4). Sie wird das Wunder erleben!

Die Gelähmten würden aufstehen!

Längst gibt es Gemeinden in Lateinamerika, Italien, Frankreich, Holland – sogenannte Basisgemeinden –, die durch eine neue religiöse Sprache und eine neue Praxis dokumentieren, daß Umkehr konkret-politisch möglich ist, daß die Wunder kein Traum sind.
Wo sind diese Gemeinden – in unserem Land? Die nicht resignativ schweigen, sondern die zu sprechen beginnen: über die wachsende Unmöglichkeit, menschlich zu leben, hierzulande und weltweit; über die Unfähigkeit zur Liebe im radikalen Sinn des Mit-Leidens. Wann verwandeln sich die Normal-Gemeinden in solche, die allein den Namen verdienen und etwas ganz Ungewöhnliches, ja Revolutionäres lernen: Brükken zu bauen in das unwegsame Gelände der menschlichen Beziehungen hin zur lange schon verratenen Verantwortung, die alle für die Unterdrückten dieser Erde haben, – die sich also bewegen, nachdem sie lange gelähmt waren?
Die Gelähmten würden aufstehen, ihre Bahre nehmen und hinausgehen. Und die Menschen würden staunen und sagen: *So etwas haben wir noch nie gesehen.*

Entmachtung der Dämonen (Mt 8,16f)

Ob die „Dämonen" nur Projektionen, Übertragungen eigener Vorstellungen auf andere sind? Ob ihre zwischen Bosheit und Krankheit schillernde Physiognomie nur Spiegel der verdrängten, vielfältig projizierenden und mystifizierenden Entfremdung ist, zumindest Teil derselben? Eins ist klar: auch Projektionen und Mystifikationen sind real und können zur gesellschaftlichen Macht werden, gerade sie, und es ist die Frage, wie solche Macht gebrochen werden kann.

> *16 Am Abend brachte man viele Besessene zu ihm. Er trieb mit seinem Wort die Geister aus und heilte alle Kranken. 17 Dadurch sollte sich erfüllen, was durch den Propheten Jesaja gesagt worden ist: „Er hat unsere Leiden auf sich genommen und unsere Krankheiten getragen."*

Geschöpfe unserer Kälte

Bevor das Wunder der Dämonenaustreibung geschieht, hat Jesus bereits etwas Ungewöhnliches getan. Wie die Kranken waren die als „besessen" Stigmatisierten sozial ausgesondert. Zu Verrückten oder mindestens „komischen Käuzen" gemacht, sind sie gerade auch in den modernen Gesellschaften Randexistenzen: man meidet sie, sperrt sie in Anstalten, isoliert sie klinisch sauber von den „Gesunden". Nur manchmal begegnen sie uns voller Aggressivität oder dumpfer medikamentöser Apathie. – Jesus widersetzt sich dieser sozialen

Repression, läßt die „Besessenen“ nahe an sich heran, erträgt ihre Aggressivität, durchbricht den Fanatismus des Ignorierens und Isolierens.
Jeder stärkt und ermächtigt die Kräfte, gegen die er sich repressiv zur Wehr setzt. Früher als man denkt wird das Ausgesonderte, Beargwöhnte zum Feind, spielt den Gegensatz hoch, in den es gedrängt wurde. – *Leistet dem, der euch etwas Böses antut, keinen Widerstand* (Mt 5,39). – Als Produkt unserer Kälte verselbständigt es sich und droht uns erneut zu infizieren, so daß wir uns verstärkt schützen müssen. Teufel scheinen am Werk zu sein, eine Hölle bricht los, politisch, gesellschaftlich. Wunder sind nicht mehr wahrscheinlich.

Messianische Praxis

Jesus ist kein Exorzist! Er läßt die „Besessenen“ reden, agieren, schreien, bezieht sie ein in den Zusammenhang einer nie erfahrenen Vertrautheit und Kommunikation. – Nicht, daß solche Nähe von den Dämonischen einfach akzeptiert oder gar honoriert würde, so, als ließen sich strukturell gewordene Pathologien kurzerhand verändern. Es entwickelt sich vielmehr ein Kampf auf Leben und Tod: *Was haben wir mit dir zu tun, Sohn Gottes? Bist du hergekommen, um uns schon vor der Zeit zu quälen?* (Mt 8,29)
Aber daß da ein Mensch war, ganz und gar unfähig, Distanzen aufkommen zu lassen, der verbindlich blieb sogar gegenüber Feinden, der so stark war, so sehr mit sich selbst identisch, daß er nichts von sich ausschloß; der keinen „Körperpanzer“ und keinen Bunker brauchte, um überleben zu können, nicht einmal die „eigenen vier Wände“; der überhaupt keine Grenzen kannte oder fürchtete: zwischen gesund und krank, einheimisch und fremd, unschuldig und schuldig, wohlangesehen und verachtet – Grenzen, die überschritten oder nicht respektiert werden könnten. Diese Erfahrung muß es gewesen sein,

muß zumindest daran beteiligt gewesen sein, daß die „Besessenen“ schließlich verstummten und dorthin zurückkehrten, woher sie stammen: zu uns und unseresgleichen.

Normal und krank

Diese messianische Sicht paßt nicht in Gesellschaften wie die unsere, wo das Andersartige sofort ausgemacht und bekämpft, das Normale vom Pathologischen geschieden, das Eigene vom Fremden getrennt zu werden pflegt. Dabei steht längst die Gesellschaft der „Normalen“ auf dem Prüfstand: „Wir sind benebelte und tolle Kreaturen, Fremde für unser wahres Selbst, für einander, für die geistige und für die materielle Welt – Verrückte selbst von einem idealen Standpunkt aus, den wir nur erkennen, aber nicht einnehmen können... Die ‚normal‘ entfremdete Person hält man für gesund, weil sie mehr oder weniger wie jedermann handelt. Formen der Entfremdung außerhalb der geltenden Entfremdungsnorm werden von der ‚normalen‘ Mehrheit mit dem Etikett ‚wider-‘ oder ‚wahnsinnig‘ versehen“. (R. D. Laing)[7]
Der Umgang Jesu mit den „Dämonen“ ist ein Frontalangriff auf das klassifizierende Denken und Verhalten – *richtet nicht!* (Mt 7,1) –, ja auf das gängige Sozialwesen, sofern Ausschluß und Verteufelung zu seinen wichtigen Praktiken gehört. Dieser Umgang ist „anarchistisch“, sofern die Archä, die Herrschaft normalerweise und weltweit darin beruht, Ordnung in die Fronten zu bringen, statt die Fronten aufzulösen; die Gegner zu bewaffnen, statt Gegnerschaft zu überwinden – *liebt eure Feinde*! (Mt 5,44) –; die „Besessenen“ auszusondern und zu psychiatrisieren, statt sie möglicherweise als Symptome und Opfer der eigenen, offiziell gewordenen Verrücktheit und Dämonie zu begreifen: „Der Zustand der Entfremdung, des Schlafens, des Nicht-Bewußtseins, des Nicht-bei-Sinnen-Seins ist der Zustand des normalen Menschen... Normale

Menschen haben in den letzten fünfzig Jahren vielleicht hundert Millionen normale Mitmenschen getötet." (Laing)

Das Wunder – keine Zauberei

Dann hatte Jesus am Ende zusammen mit den „Dämonen" die Dämonien der Welt, also eine von Dummheit und Blindheit strotzende menschliche Gesellschaft heilen und verändern wollen? – *Jesus fragte ihn: Wie heißt du? Er antwortete: Mein Name ist Legion; denn wir sind viele* (Mk 5,9): hier scheint, anspielend auf die damalige römische Besatzungsmacht, eine militaristische, d. h. kollektive Dämonie anvisiert zu sein! – So viel jedenfalls wissen wir: Es konnte geschehen, daß sich nicht nur die Dämonischen gegen Jesus aufbäumten, bevor sie von seiner Macht überwunden wurden, sondern daß auch das entsetzte Publikum die Nähe Jesu als Bedrohung empfand und um Schonung bat: *Sie kamen zu Jesus und sahen bei ihm den Mann, der von der Legion Dämonen besessen gewesen war. Er saß ordentlich gekleidet da und war wieder bei Verstand. Da fürchteten sie sich... Darauf baten die Leute Jesus, ihr Gebiet zu verlassen* (Mk 5,15–17). Ähnlich die Schriftgelehrten, die jedoch zu einer wirksameren Waffe griffen, indem sie versuchten, Jesus selbst zu dämonisieren und so unschädlich zu machen: *Nur mit Hilfe von Beelzebul, dem Anführer der Dämonen, kann er die Dämonen austreiben* (Mt 12,24). – Mißverstehend, was Jesus gewollt hat und weshalb er umgebracht wurde, setzten Christen ausgerechnet das Kreuz gegen „Dämonen" ein und mißbrauchen es, wenn auch in seltener werdenden Ausnahmen, zu exorzistisch-okkulten Zwecken noch heute. Das Wunder der Dämonenaustreibung liegt jenseits solcher Zauberei.

Das Wunder begänne dort, wo Menschen aufhörten, das Andersartige, Komische, Sonderbare, Kranke auszugrenzen. Wo sie keiner Projektionen, Mystifikationen und Verteufelungen mehr bedürften, sondern mit dem Bösen und Dämonischen rechneten, das in ihnen selbst lebt; zu einer Umkehr entschlossen, die bei ihnen anfinge, zu einer Kommunikation bereit, die alle einbegriffe, kurz: Menschen von der Güte Jesu, die das Verhärtete erweicht, das Feindliche entwaffnet, das Kranke und Fremde auffängt und das Böse überwindet durch das Gute. Von Jesus heißt es: *Er hat unsere Leiden auf sich genommen und unsere Krankheiten getragen* (Mt 8,17), und: *Kommt alle zu mir, die ihr euch plagt und schwere Lasten zu tragen habt. Ich werde euch Ruhe verschaffen* (Mt 11,28).

Heilung – Revision des Lebens (Lk 17, 11–19)

[11]Auf dem Weg nach Jerusalem zog Jesus
durch das Grenzgebiet von Samarien und
Galiläa. [12]Als er in ein Dorf hineingehen
wollte, kamen ihm zehn Aussätzige entgegen.
Sie blieben in der Ferne stehen [13]und riefen:
Jesus, Meister, hab Erbarmen mit uns! [14]Als er
sie sah, sagte er zu ihnen: Geht, zeigt euch den
Priestern! Und während sie zu den Priestern
gingen, wurden sie rein. [15]Einer von ihnen
aber kehrte um, als er sah, daß er geheilt war;
und er lobte Gott mit lauter Stimme. [16]Er warf
sich vor den Füßen Jesu zu Boden und dankte
ihm. Dieser Mann war aus Samarien. [17]Da
sagte Jesus: Es sind doch alle zehn rein gewor-
den. Wo sind die übrigen neun? [18]Ist denn
keiner umgekehrt, um Gott zu ehren, außer
diesem Fremden? [19]Und er sagte zu ihm: Steh
auf und geh! Dein Glaube hat dir geholfen.

Undankbar?

Daß die neun Geheilten nicht zurückgehen, um *Gott zu ehren,* wird ihnen in der Regel als Undankbarkeit ausgelegt, als peinliches Versäumnis – nicht zu entschuldigen. Doch so wird weder den Neun Gerechtigkeit, noch dem Einen der schuldige Respekt zuteil, vielmehr werden alle Zehn und der Text insgesamt, in die Schablonen gutbürgerlicher Anständigkeit gezwängt, wo die biblische Rasanz verwischt und wo nicht mehr gewußt wird, was Jesus wirklich wollte und was es heißt, *Gott zu ehren,* d.h. zu glauben. Der eine Geheilte, der zurückkehrte, war einer, der glaubte, und das war, wie sich zeigen wird, mehr als bürgerliches Wohlverhalten!

Aussätzig

Die Reaktion der neun Geheilten, die nicht umkehren wollen, wird mißverstanden, wenn ihr Aussatz, d. h. der Zustand, aus dem sie befreit wurden und in den sie auf keinen Fall zurückmöchten, lediglich als ein medizinisches Problem eingeordnet wird: Diese Krankheit war – wie fast jede Krankheit, aber dramatischer als jede andere! – nicht nur ein physiologischer Prozeß, sondern war eine Störung, die den Betroffenen auch sozial schädigte. Im Falle des Aussatzes: gesellschaftlich isolierte, unter Quarantäne stellte. Die Städte, Dörfer und Siedlungen durften nicht betreten werden, Kontakte mit Vorübergehenden waren untersagt. Aussatz bedeutete sozialen Tod, lebenslänglich.
Sich vorzustellen, wie die zehn ihre Heilung erfahren haben mögen, ist eigentlich nicht möglich, doch wird ein Moment bestimmend gewesen sein, über den klinischen Befund hinaus: daß man sozial wieder lebte, auferstanden in eine längst verloren geglaubte „Normalität". Sich den Priestern zeigen, hieß: dies bestätigen lassen und ab da frei sein, auch offiziell. – Schwer zu verstehen, warum nur einer zu Jesus zurückkehrte und ihm dankte: man war ja auch hingegangen zu Jesus, um sich heilen zu lassen!

Umkehr zu Jesus

Verständlicher wird alles, wenn man sich in Erinnerung ruft, wer Jesus war: Nicht der überall angesehene Rabbi, nicht der weithin verehrte Wundertäter, sondern der ebenso beachtete wie beargwöhnte Heilsprophet, der zwischen „wundersam" und „verdächtig" eingestuft worden sein mag, dessen Wunder immer auch als das verstanden wurden, was sie waren: Signale einer umfassenden, vor nichts haltmachenden Veränderung

bestehender Verhältnisse. Sogar Tote werden auferweckt, heißt es.
Nur wenige trauten sich, diesem Menschen zu folgen: Jünger, hinter vorgehaltener Hand besprochene Jesusleute. Waren sie respektiert, dann zumindest auch respektvoll gemieden, ausgegrenzt aus der sozialen Welt der übrigen. Kontakte zu diesen selbst an den Rand gedrängten Charismatikern waren für die Aussätzigen leichter herzustellen als zu anderen, zumal Jesus als Wundertäter galt, zu dem man, koste es was es wolle, vordringen mußte, von dem man sich weit mehr versprach als eine Art sozialer Leidensgenossenschaft. Und hierin hatten sie sich ja auch nicht getäuscht. – Aber nicht ihre Heilung war das Wunder von dem die Geschichte erzählt, um dessentwillen sie aufgeschrieben ist!
Erzählt wird sie wegen des Einen, der zurückkehrt. Der, als er Jesus zum ersten Mal traf, seine Krankheit verlor. Nun aber, da er als Geheilter zurückkehrt und sich zu Jesus bekennt, all das aufs Spiel setzt, was er während der Zeit seines Siechtums ersehnt haben muß: endlich „normal“ zu sein. Dieser Einsatz war hoch. Aber der Glaube, so die verschlüsselte Botschaft unseres Textes, ist billiger nie zu haben. – Allerdings: der Eine war aus Samarien! Unter den Bedingungen des Aussatzes mag die Fremdheit, ja Feindschaft zwischen den neun anderen (Juden) und ihm zurückgetreten, vom gemeinsamen Leid sozusagen überdeckt gewesen sein. Jetzt, nach der Heilung, lebt auch dieser Konflikt wieder auf, der Mann ist also ohnehin und trotz seiner Heilung wieder im Abseits. – Eine Erleichterung für seinen Schritt auf Jesus zu? Wohl kaum!

Was der Text sagen will

Der Text will sagen, daß es vergleichsweise harmlos ist (dafür steht die Mehrheit der Neun), Aussätzige zu heilen und auch offiziell wieder in die Gesellschaft einzugliedern. Erstaunlich dagegen ist es – dafür steht als verschwindende Minderheit der eine Geheilte –, daß sich jemand zu Jesus, dem radikalen Propheten der Armen schlug. Und geradezu unglaublich war es, daß einer, der als Aussätziger lange genug unter den Qualen der gesellschaftlichen Ächtung zu leiden gehabt hatte und als Samariter zusätzlich suspekt war, gleichwohl sein Bekenntnis zu dem unbequemen Jesus ablegt und so Gefahr läuft, nun erst recht unter sozialen und religiösen Druck zu geraten und alle Feindschaft auf sich zu ziehen.

Das eigentliche Wunder

Woran sich eine naturwissenschaftlich verengte Vernunft stößt, was sie für unmöglich hält: Aussatz durch ein Wort, letztlich von Gott her zu heilen; und wobei sich auch die fromme Phantasie gerne aufhält: daß Gott in die Geschicke der Menschen gleichsam von oben her eingreift und diese ihm dafür danken müssen – dies alles wird in der biblischen Überlieferung kaum betont (vgl. Mk 6,5). Aber daß es möglich ist, im Umkreis Jesu, Menschen aus der naheliegenden Versuchung zu befreien, ihre Heilung lediglich als Wiederherstellung der körperlichen und sozialen „Gesundheit“ und „Normalität“ zu verstehen; daß es zumindest einen gab, der mit „Heilung“ die Vorstellung eines Neuanfangs, einer Revision seines Lebens verbunden haben muß, indem er sich nicht scheute, dem Gott Jesu die Ehre zu geben – dies ist das Wunder.

Solche Wunder sind möglich. Dafür steht die biblische Tradition. Aber sie stellen die Ausnahme dar, weil sie nicht zwar an der göttlichen Gnade, wohl aber an der Unbeweglichkeit und Feigheit der Menschen scheitern: Menschen, wenn sie die Wahl haben, tun lieber das Übliche und fühlen sich in der normalen Anonymität der Mehrheit geborgener als im notgedrungen kleinen, wenig anerkannten Kreis der Bekenner, die sich zu Jesus gesellen und zu glauben versuchen, was nur hier im anspruchsvollen Sinne des Wortes möglich ist. – Übrigens: Einheimische (die Juden damals, die Christen heute?) tun sich schwerer!

Das Wunder des Teilens (Mt 14, 13–21)

13 Als Jesus all das hörte, fuhr er mit dem Boot
in eine einsame Gegend, um allein zu sein.
Aber die Leute in den Städten hörten davon
und gingen ihm zu Fuß nach. 14 Als er ausstieg
und die vielen Menschen sah, hatte er Mitleid
mit ihnen und heilte die Kranken, die bei
ihnen waren. 15 Als es Abend wurde, kamen
die Jünger zu ihm und sagten: Der Ort ist
abgelegen, und es ist schon spät geworden.
Schick doch die Menschen weg, damit sie in die
Dörfer gehen und sich etwas zu essen kaufen
können. 16 Jesus antwortete: Sie brauchen
nicht wegzugehen. Gebt ihr ihnen zu essen!
17 Sie sagten zu ihm: Wir haben nur fünf Brote
und zwei Fische bei uns. 18 Darauf antwortete
er: Bringt sie her! 19 Dann ordnete er an, die
Leute sollten sich ins Gras setzen. Und er
nahm die fünf Brote und die zwei Fische,
blickte zum Himmel auf, sprach den Lobpreis,
brach die Brote und gab sie den Jüngern; die
Jünger aber gaben sie den Leuten, 20 und alle
aßen und wurden satt. Als die Jünger die
übriggebliebenen Brotstücke einsammelten,
wurden zwölf Körbe voll. 21 Es waren etwa
fünftausend Männer, die an dem Mahl teil-
nahmen, dazu noch Frauen und Kinder.

Der Text berichtet zunächst von den Krankenheilungen Jesu, dort in der Nähe des galiläischen Sees, um sich dann ganz auf jenes Wunder zu konzentrieren, das die Jünger vollbringen

sollen: Hungrige Menschen wollen essen und satt werden, *etwa fünftausend Männer,...dazu Frauen und Kinder.* Zwar existierte damals noch nicht die Dimension des Hungers, wie die Welt von heute sie kennt: 700 Millionen absolut Arme mit täglich etwa 15000 Toten. Aber *wir* können das Evangelium nicht mehr lesen, ohne auch an sie zu denken, ohne auch für sie zu handeln!
Fragen wir nicht, ob Wunder möglich sind. Das Neue Testament setzt sie voraus, und die Menschen, die Jesus gefolgt waren, gehen ebenfalls davon aus, daß es sie gibt: Ohne Proviant haben sie sich einfach auf den Weg gemacht (*der Mensch lebt nicht nur von Brot, sondern von jedem Wort, das aus Gottes Mund kommt* – Mt 4,4); manchmal ist es nötig, den Aufbruch zu wagen, ohne jede Absicherung, ohne Erfolgsgarantien, ohne Wenn und Aber! – Fragen wir also nicht, ob Wunder möglich sind. Über die Fragen könnte das Wunder verpaßt werden! Sondern fragen wir, ob die Jünger bereit sind für das Wunder.

„Realitätssinn" der Jünger

Als es Abend geworden ist und Jesus noch immer kein Ende findet, sprechen sie ihn endlich an: *Der Ort ist abgelegen, und es ist schon spät geworden.* Bei aller religiösen Begeisterung ist ihnen der Sinn für die Realitäten offensichtlich nicht abhanden gekommen! Könnte ihre Aufmerksamkeit schon ein Element des Wunders sein? Nicht umsonst berichtet das Evangelium immer wieder und besonders ausführlich davon, wie Jesus die Sinne, Augen und Ohren öffnet, wie er gelähmte Hände wieder gesund macht, d.h. sensitive und kommunikative Kräfte zum Leben erweckt.
Doch was für eine Blindheit bzw. Schläue spricht bereits aus dem, was dann folgt: *Schick doch die Menschen weg, damit sie in die Dörfer gehen und sich etwas zu essen kaufen.* Das ist

nicht mehr die Richtung des Wunders und nicht die Richtung des Evangeliums! – Immer wenn Menschen teilen sollen, pflegen sie sich mit besonderer Klarheit daran zu erinnern, daß jeder für sich selbst sorgen muß („und Gott für uns alle“); daß anderen nicht zu helfen ist, wenn sie sich nicht selbst helfen; daß unsere Habe, unsere Nahrungsmittel, unser Besitz und Wohlstand keine Rolle spielen bei der Frage, wie die anderen satt werden sollen!

Hier beginnt der Konflikt, den Jesus in die Welt bringt: eine Herausforderung für die Jünger und für jeden „normal“ denkenden Menschen: *Sie brauchen nicht wegzugehen. Gebt ihr ihnen zu essen!* Dies ist die Richtung des Wunders.

„Existenzminimum“

Hätten es bei einer Menschenmenge von etwa 15 000 Personen, Männer, Frauen und Kinder zusammengenommen, tausend Brote sein müssen und fünfhundert Fische? Gleichgültig wie man rechnet: Wenn Menschen etwas hergeben sollen, wird es (subjektiv) immer zu wenig sein, wird es beim Nachrechnen immer genau das sein, was sie zum eigenen Leben unbedingt brauchen, zu brauchen behaupten, auch die Jünger: *Wir haben nur fünf Brote und zwei Fische.*

Selbst Menschen, die im Überfluß leben, scheinen auf nichts von dem, was sie besitzen: Farbfernseher, Zweitautos, Komfortwohnungen wirklich verzichten zu können. Alles haben sie zu ihrer Art Existenzminimum erklärt, das zu verteidigen sie entschlossen sind. „Das Bedürfnis, technische Gebrauchsartikel, Apparate, Instrumente und Maschinen zu besitzen, zu konsumieren, zu bedienen und dauernd zu erneuern, Waren, die den Leuten angeboten und aufgedrängt werden, damit sie diese selbst bei Gefahr ihrer eigenen Zerstörung gebrauchen, ist zu einem biologischen Bedürfnis geworden“ (H. Marcuse)[8].

Jesus unterbricht die Begriffsstutzigkeit der Jünger, ihre Art zu rechnen und zu kalkulieren, und reißt das Gesetz des Handelns an sich. Er verlangt unbeirrt nach den Broten und den Fischen: *Bringt sie her!*

Das Wunder des Teilens

Nun folgt das Wunder des Teilens. Das Segensgebet, das Jesus spricht, darf nicht als magische Beschwörung mißverstanden werden. Es geschieht viel mehr: Brote und Fische geraten in den göttlichen Bereich der Gnade. Aber eben nicht so, daß in diesem Augenblick Naturgesetze durchbrochen würden und eine geradezu explosionsartige Vermehrung der vorhandenen Nahrungsmittel geschähe: auf dieses „Wunder“ wird man vergeblich warten; an Hand eines solchen physikalischen und im Grunde tief materialistischen Denkens ist nicht zu begreifen, was Gott verheißt und was er verlangt!
Das Wunder besteht darin, daß der Teufelskreis des Behalten- und Besitzenwollens durchbrochen wird und die Sympathie Jesu von den Menschen Besitz ergreift. Auf einmal erfahren die Jünger, erfährt jeder, der sich ergreifen läßt, wie das Brot mehr wird, weil die Hände sich öffnen können: Im Loslassen und Weitergeben liegt das Geheimnis der Vervielfältigung!

Die im Überfluß leben

Allein die übriggebliebenen Brocken ergaben *zwölf Körbe voll*, mehr, als vorher da war! *Zwölf Körbe voll* – dies sind Übersteigerungen, Dramatisierungen des biblischen Autors, die nicht auf unseren Kinderglauben, sondern auf unsere Verantwortung zielen. Denn die Situation ist dramatisch! Sie war es damals, als sich Jesus auf die Seite der Armen stellte, und sie ist es in kaum noch vorstellbarer Verschärfung heute, da auf einen

Hungertoten 10000 Rüstungsdollars kommen und die Christen entscheiden müssen, auf welcher Seite sie stehen.
Die Frage lautet: Wenn schon damals, obwohl geteilt wurde, noch zwölf Körbe übrigblieben, wie groß mag der Überfluß unter den heutigen Reichen sein, die eine verhungernde Welt ernähren könnten und doch alles für sich behalten.

III. Es ist Zeit

Das Heute ergreifen (Lk 2,8–20)

[1]In jenen Tagen erließ Kaiser Augustus den Befehl, alle Bewohner des Reiches in Steuerlisten einzutragen. [2]Dies geschah zum erstenmal; damals war Quirinius Statthalter von Syrien. [3]Da ging jeder in seine Stadt, um sich eintragen zu lassen.
[4]So zog auch Josef von der Stadt Nazaret in Galiläa hinauf nach Judäa in die Stadt Davids, die Betlehem heißt; denn er war aus dem Haus und Geschlecht Davids. [5]Er wollte sich eintragen lassen mit Maria, seiner Verlobten, die ein Kind erwartete. [6]Als sie dort waren, kam für Maria die Zeit ihrer Niederkunft, [7]und sie gebar ihren Sohn, den Erstgeborenen. Sie wickelte ihn in Windeln und legte ihn in eine Krippe, weil in der Herberge kein Platz für sie war. [8]In jener Gegend lagerten Hirten auf freiem Feld und hielten Nachtwache bei ihrer Herde. [9]Da trat der Engel des Herrn zu ihnen, und der Glanz des Herrn umstrahlte sie. Sie fürchteten sich sehr, [10]der Engel aber sagte zu ihnen: Fürchtet euch nicht, denn ich verkünde euch eine große Freude, die dem

ganzen Volk zuteil werden soll: [11]*Heute ist*
euch in der Stadt Davids der Retter geboren;
er ist der Messias, der Herr. [12]*Und das soll*
euch als Zeichen dienen: Ihr werdet ein Kind
finden, das, in Windeln gewickelt, in einer
Krippe liegt. [13]*Und plötzlich war bei dem*
Engel ein großes himmlisches Heer, das Gott
lobte und sprach:
[14]*Verherrlicht ist Gott in der Höhe,*
und auf Erden ist Friede
bei den Menschen seiner Gnade.

Daß ein Heiland kommen würde, kommen müßte: morgen, übermorgen, in mehr oder weniger ferner Zeit, davon waren die biblischen Menschen überzeugt, davon gingen sie aus. Aber daß das Heil *heute* gekommen sein sollte, jetzt, im Augenblick, diese Botschaft des Engels, so ersehnt und erwartet sie war, so schockierend war sie gleichzeitig, denn hier mußte Gott selbst im Spiel sein – ein zu großer Gedanke, um nicht in Schrecken zu geraten. Nicht ohne Grund beginnt die Botschaft an die Hirten mit dem Trostwort: *Fürchtet euch nicht!*

Leben – nicht im Heute

Diese Botschaft kann auch jetzt wieder einen Schock auslösen, gesetzt den Fall, man wüßte, worum es geht und was im Heute gefordert ist. Zwar wollen Menschen heutzutage gern „heutige" Menschen sein, zeitgemäß, möchten wissen, was man augenblicklich denkt, tut, plant, wie man sich gibt. Aber daß sie im Heute lebten? Es scheint eher, daß sie zwischen Gestern und Morgen leben, während sich das Heute entzieht. Es ist ungreifbar und unbegreifbar. Viele sehen darin eine Tücke der Zeit, die an ihnen verübt wird: zwischen Gestern und Morgen zerrinnt das Jetzt.

Menschen leben aus dem Gestern: kulturell, religiös, politisch. Sie fristen ihr Dasein aus den Antworten von gestern. Erinnerung – nicht die kritisch verarbeitende, sondern die romantisch-verklärende, nostalgische – nimmt einen großen Teil der Zeit in Anspruch. Was sich lange eingeschliffen hat, bestimmt das Verhalten. – Gibt es das Heute überhaupt? Kann man ihm Perspektiven für das Handeln entnehmen? – Welche Beweglichkeit wäre vonnöten, welche Aufmerksamkeit und Revisionsbereitschaft!

Zugleich wird – meist in den Klischees von gestern – im Morgen gelebt. Zu tiefgreifenden Änderungen, z. B. in der Lebensgestaltung, im Konsumverhalten (möglicherweise gibt es überhaupt nur dann ein Morgen, wenn wir uns ändern!), sind die wenigsten bereit. Das Heute verflüchtigt sich auch sonst, z. B. in den Zwecken, die verfolgt werden. So zerstören militärische, atomare Mittel, mit denen der Friede erreicht werden soll, heute bereits die Existenzgrundlage von Millionen: „Allein schon durch ihre Kosten töten sie die Armen" (Päpstliche Kommission Justitia et Pax). – Dieses Heute scheint also kaum von Belang zu sein, jedenfalls ist es für die Mehrheit nicht in dem Sinne wichtig, daß es in seinen Möglichkeiten ausgeschöpft, in seinen Gefahren und Irrtümern ernstgenommen würde. Vor Augen steht die nächste und übernächste Stufe, sie vorauszuplanen, egal mit welchen Mitteln, gilt als verantwortlich. Das Heute – gehört es nicht den vielgescholtenen „Gesinnungsethikern", ja „ist das Heute nicht des Pöbels?" (F. Nietzsche).

Und die Träume: alle träumen von einer besseren Zeit, studieren Prognosen. Manche möchten, statt der Gegenwart (was sie könnten), die Zukunft enträtseln und lesen Horoskope, einige glauben daran. Hoffnung – nicht die kraftvoll gestaltende,

sondern die vertröstende, kitschig-verbrämte, utopische – dominiert.
Was der Tag bringen wird, ist meist lange vorher festgelegt. Die Stunden und Minuten sind verplant. Morgen, übermorgen werden wir Zeit füreinander haben, heute nicht.
Dabei ist es immer ein Heute, wo die Dinge ernst werden. Alles Wichtige geschieht in jenem zerbrechlichen Moment, der zwischen Gestern und Morgen verloren zu gehen droht: Glück, Schmerz, Freude, Liebe – Tod. Nicht der Tage erinnert man sich, nicht der kontinuierlich fortschreitenden Zeit, „man erinnert sich" – oder erinnert sich nicht! – „der Augenblicke" (C. Pavese), die wirklich gelebt wurden. Und man vergißt nur das, was man schon vergessen hatte, als es geschah. – Sind viele Menschen heute deshalb so vergeßlich, weil es so wenig gelebte, im Heute gelebte Zeit gibt?

Heil und Frieden – „heute"

Als Gott Mensch wurde und jede Distanz zu uns aufhob, wurde zugleich der kleine, entscheidende Schnitt in die Zeit gemacht, der markiert ist durch das Wörtchen „heute". Es ist dieses „heute", das die ersten Jünger erlebten, und augenblicklich folgten sie dem Ruf Jesu; es ist dieses „heute", das Zachäus, dem Zöllner, geschah: *Heute ist diesem Haus das Heil geschenkt worden* (Lk 19,9); dieses „heute" war auch im Gleichnis gemeint: *was sorgt ihr euch um eure Kleidung? Lernt von den Lilien...* (Mt 6,28); von diesem „heute" war die frühchristliche Gemeinde geprägt: nicht in unabsehbarer Zeit würde Gottes Heil wirklich werden, sondern jetzt gleich: *Die Zeit ist erfüllt, das Reich Gottes ist nahe* (Mk 1,15), in einem radikalen Handeln, einer konsequenten Erneuerung des Lebens, einer strikten Treue wird es erkennbar: *Kehrt um und glaubt an das Evangelium* (Mk 1,15).

*[15]Als die Engel sie verlassen hatten und in den
Himmel zurückgekehrt waren, sagten die
Hirten zueinander: Kommt, wir gehen nach
Betlehem, um das Ereignis zu sehen, das uns
der Herr verkünden ließ. [16]So eilten sie hin
und fanden Maria und Josef und das Kind, das
in der Krippe lag. [17]Als sie es sahen, erzählten
sie, was ihnen über dieses Kind gesagt worden
war. [18]Und alle, die es hörten, staunten über
die Worte der Hirten. [19]Maria aber bewahrte
alles, was geschehen war, in ihrem Herzen
und dachte darüber nach. [20]Die Hirten kehrten zurück, rühmten Gott und priesen ihn für das, was sie gehört und gesehen hatten; denn alles war so gewesen, wie es ihnen gesagt worden war.*

Dieses „heute" fuhr den Hirten in die Glieder. Sie konnten deshalb nicht bleiben, wo sie waren, sie mußten nach Betlehem, um das Kind zu sehen, um Gott zu preisen. – Auch dies mußten sie: zurückkehren an ihren Platz, zu den Schafen. Aber sie kehrten nicht unverändert zurück! Sie hatten das Heil gesehen. Sie wußten, daß *auf Erden Friede* möglich geworden war. Heute, hier.

Heute widerfährt das Heil, nicht gestern, nicht morgen. Heute kann man aufbrechen aus einer bedrückend gewordenen Lebenssituation, es ist heute eine gute Zeit dafür. Heute, da Gott seine Vorbehalte den Menschen gegenüber aufgab, kann man Trennungsmauern, die sich Stein für Stein aufgerichtet hatten, abreißen: ideologische und militärische. D.h. heute kann Frieden geschlossen werden, es ist eine gute Zeit dafür. Aber bei den Hirten, also den Ärmsten (ihrer Freiheit, ihrem Glück) muß angefangen werden, wenn es der biblische, der

verheißungsvolle Frieden sein soll! – Man kann auch Zeit haben und sich Zeit nehmen, heute: die einzige Zeit, die zählt und die sich sogar auszahlt für das Glück, die Erinnerung und die Hoffnung.
Heute kann man deshalb zurückkehren, wie die Hirten, an seinen Ort, mit dem neuen Bewußtsein, daß das Heil kein Traum ist, daß alles wörtlich genommen werden darf: Freiheit, Gerechtigkeit, Liebe; daß Erlösung also ansatzhaft möglich ist und sich zeigt und zwar nicht erst in den Zwecken, die wir verfolgen, sondern schon in den Mitteln, die wir zu ihrer Erreichung benutzen: Man muß davon einfach auszugehen wagen! Und: es eilt!

Herz und Lippen (Mk 7,1–9)

*1 Die Pharisäer und einige Schriftgelehrte, die
aus Jerusalem gekommen waren, hielten sich
bei Jesus auf. 2 Sie sahen, daß einige seiner
Jünger ihr Brot mit unreinen, das heißt mit
ungewaschenen Händen aßen. 3 Die Pharisäer
essen nämlich wie alle Juden nur, wenn sie
vorher mit einer Handvoll Wasser die Hände
gewaschen haben, wie es die Überlieferung
der Alten vorschreibt. 4 Auch wenn sie vom
Markt kommen, essen sie nicht, ohne sich
vorher zu waschen. Noch viele andere überlie-
ferte Vorschriften halten sie ein, wie das Ab-
spülen von Bechern, Krügen und Kesseln. 5 Die
Pharisäer und die Schriftgelehrten fragten ihn
also: Warum halten sich deine Jünger nicht an
die Überlieferung der Alten, sondern essen ihr
Brot mit unreinen Händen?*

Leben in der Tradition

Es spricht für die Pharisäer, daß sie aus einer realistischen Einschätzung des Menschen und seiner religiösen Trägheit und Vergeßlichkeit unerbittlich über die Ordnungen, Regeln und Gebräuche wachten, in denen sich, wie sie meinten, die Gottesgeschichte und Tradition am Leben erhalten ließ: Niemand sollte hier stören dürfen und ungestraft eigene Wege gehen, erst recht nicht diejenigen, die wie Jesus und seine Jünger mit heiligem Anspruch auftraten, die Religion zur

Herzenssache erklärten und doch gerade so erkennen ließen, daß sie die geheiligte Offenbarung selbst aufs Spiel zu setzen bereit waren. Waren sie es wirklich?
Gegen die Pharisäer, diese subjektiv rechtschaffenen und realistischen Advokaten einer gut funktionierenden religiösen Ordnung, führt Jesus eine Unterscheidung ins Feld, die zunächst nur wieder ihn selbst in Beweisnot zu bringen scheint:

6 Er antwortete ihnen: Der Prophet Jesaja hatte recht mit dem, was er über euch Heuchler sagte: Dieses Volk ehrt mich mit den Lippen, sein Herz aber ist weit weg von mir. 7 Es ist sinnlos, wie sie mich verehren; was sie lehren, sind Satzungen von Menschen. 8 Ihr gebt Gottes Gebot preis und haltet euch an die Überlieferung der Menschen. 9 Und weiter sagte Jesus: Sehr geschickt setzt ihr Gottes Gebot außer Kraft und haltet euch an eure eigene Überlieferung.

Herz und Lippen, das wirklich Geglaubte und das religiös-rituell Gesagte und Rezitierte: Ist es nicht utopisch und realitätsfern, zu hoffen, diese beiden könnten je übereinstimmen? Irgendwann natürlich war die Gottesgeschichte etwas unmittelbar Erfahrenes und Erlebtes, hatte die Menschen mitgerissen, ihre Lebens- und Denkgewohnheiten verändert, und sie verkündigten, wovon ihre Herzen voll waren. Aber als die ursprüngliche religiöse Faszination nur noch Erinnerung war, als sich Gott gleichsam in die Tradition zurückgezogen hatte, die deshalb sorgsam bewahrt und geschützt werden mußte und zwar desto behutsamer und genauer, je weiter der Ursprung zurücklag – war es da nicht schon viel, wenn man wenigstens mit den Lippen bekannte, was zwar noch als wichtig, sozial notwendig, aber eben nicht mehr unmittelbar erfahren wurde? Mußte es also nicht zu jener „frommen“ Arbeitsteilung zwischen Herz und Lippen kommen, nicht nur, weil die Herzen fern von Gott waren, sondern auch, weil Gott ferngerückt zu sein schien von den Herzen der Menschen?

Leben in der Endzeit

Anders und prinzipieller gefragt, besonders im Blick auf das Neue Testament und dessen Tradition: Wie sollen Menschen einem fordernden Gott eine Geschichte lang nahe bleiben, ohne ihn für sich irgendwie erträglich zu machen? Wie sollen sie eine angekündigte, aber nicht kommen wollende „Endzeit“ aushalten, ohne sich darin auf die eine oder andere Weise einzurichten? Wie können sie mit einer radikalen Tradition umgehen, langfristig, ohne das Kantige, Schwerverständliche, Herausfordernde abzurunden, d. h. ohne *Satzungen von Menschen* zu lehren, also ohne zu fälschen?

> *Ich habe schon an die Endzeit geglaubt, aber dann nicht mehr an das Geschwätz von der Endzeit. Ich habe wahrscheinlich gedacht, Endzeit, schön und gut, soll sie nur kommen, soll sie nur bestehen, die Endzeit, aber ich mag nichts mehr davon hören, solange jeder sie nur behauptet, aber sich selbst durchaus darin einrichtet und das Weiterplanen über das Ende der Endzeit hinaus nicht aufgibt.* (Nicolas Born, Die Fälschung)

Gefälschter Gott

Jesus kämpft leidenschaftlich gegen eine nur allzu verständliche, für ihn selbst jedoch unerträgliche Verzeichnung des Gottesbildes und der Gottesgeschichte durch die Pharisäer, und er verkündet den nahen, unmittelbaren, in den Herzen und im Handeln der Menschen beheimateten Gott, bietet ihn auf gegen einen peinlich gehüteten, aber zugleich erfolgreich gefälschten Gott, der an Brandopfern und einem verinnerlichten „System der Reinheit" mehr Gefallen habe als an Barmherzigkeit; dem der blinde Glaubensgehorsam der „Frommen", das halbherzige Hinüberretten, die bloße theoretische Behauptung einer Tradition wichtiger sei als deren lebendige und aktuelle Übernahme.

> *Laschen meinte sowieso, es solle auf der Welt überhaupt kein erreichtes oder zu erreichendes Ziel mehr bewertet werden, sondern nur noch der Weg, die Art der Bewegung.* (N. Born)

Damit ist nicht nur die sozialkritische, sondern auch die existentielle Dimension erkennbar, in der die Brisanz und Aktualität der Auseinandersetzung Jesu mit den Pharisäern zu liegen scheint: Jesus wendet sich ja neben den Traditionshütern, den Pharisäern, auch gegen die Behüteten, die für ihren religiösen Gehorsam meist einen hohen persönlichen Preis zu zahlen haben: den Preis ihrer Identität. Attackiert und der Heuchelei geziehen wird ganz allgemein der in Herz und Lippen gespaltene Mensch, entzweit zwischen Glaube und Ethos, Weg und Ziel, Denken und Reden, Wahrheit und Opportunität, der nicht in Übereinstimmung mit sich selbst, sondern „aus den Blicken der anderen" (J. P. Sartre) lebt, und diese anderen wären nicht allein die Pharisäer, d. h. Offiziellen, sondern alle, jeder für jeden, damals und heute: das ganze argusäugige „Milieu".

Nur noch pro forma?

Wenn es nicht schwerwiegende Gründe gäbe, würden Menschen lieber in Übereinstimmung mit sich selbst leben! Warum tun sie es nicht? Aus Angst, nicht bestehen zu können – vor sich selbst und vor anderen? Angst davor, daß es keine Sicherheit gibt als die, die Menschen von Menschen erhalten: persönlich, wirtschaftlich, gesellschaftlich, ideologisch? Dann wäre es am Ende die Angst davor, daß Gott uns nicht hält, ja daß es ihn gar nicht gibt, sondern nur die gnädigen bzw. ungnädigen anderen und die „herrschenden" Verhältnisse, denen wir uns gehorsam zu fügen haben? – Dies wäre der Tod, lange schon vor dem Ende!
So hätte sich Jesus nicht nur gegen den gefälschten Gott der Pharisäer gewehrt, sondern wollte zugleich damit die aus Angst geborene „Falschheit", Doppelmoral und Nicht-Identität des „Volkes" anprangern. Er meinte, daß Menschen ständig in der Gefahr sind, sich aus einer anspruchsvollen Gottesgeschichte wegzustehlen und der religiösen Tradition nur noch pro forma zu folgen: so, wie es von ihnen verlangt wird. Entfremdung als Schicksal jener Gottesfinsternis, gegen die Jesus Christus als *Licht der Welt* (Joh 8,12) auftrat, indem er die Einheit von Gott und Mensch, Gottesliebe und Menschenliebe lebte und verkündete und darin gerade auch die Einheit des Menschen mit sich selbst. *Wer mit dem Herzen glaubt und mit dem Mund bekennt, wird Gerechtigkeit und Heil erlangen.* (Röm 10,10)

Die ihr jetzt satt seid (Lk 6,17–26)

17 Jesus stieg mit ihnen den Berg hinab. In der
Ebene blieb er mit einer großen Schar seiner
Jünger stehen, und viele Menschen aus ganz
Judäa und Jerusalem und dem Küstengebiet
von Tyrus und Sidon 18 strömten herbei. Sie
alle wollten ihn hören und von ihren Krank-
heiten geheilt werden. Auch die von unreinen
Geistern Geplagten wurden geheilt. 19 Alle
Leute versuchten, ihn zu berühren; denn es
ging eine Kraft von ihm aus, die alle heilte.
20 Er richtete seine Augen auf seine Jünger und
sagte: Selig, ihr Armen, denn euch gehört das
Reich Gottes.
21 Selig, die ihr jezt hungert, denn ihr werdet
satt werden.
Selig, die ihr jetzt weint, denn ihr werdet
lachen.
22 Selig seid ihr, wenn euch die Menschen
hassen und aus ihrer Gemeinschaft ausschlie-
ßen, wenn sie euch beschimpfen und euch in
Verruf bringen um des Menschensohnes wil-
len. 23 Freut euch und jauchzt an jenem Tag;
euer Lohn im Himmel wird groß sein. Denn
ebenso haben es ihre Väter mit den Propheten
gemacht.
24 Aber weh euch, die ihr reich seid; denn ihr
habt keinen Trost mehr zu erwarten.
25 Weh euch, die ihr jetzt satt seid; denn ihr
werdet hungern.
Weh euch, die ihr jetzt lacht; denn ihr werdet
klagen und weinen.

[26]Weh euch, wenn euch alle Menschen loben; denn ebenso haben es ihre Väter mit den falschen Propheten gemacht.

Das Rätsel

Dies ist, bei aller Konkretheit und Schärfe, ein rätselhafter Text: Die Armen, die Hungernden, die Weinenden, die Ausgestoßenen werden seliggepriesen – die Reichen, die Satten, die Lachenden und gut Angesehenen werden verwünscht. Dinge, die wir offenbar alle erstreben und die auch christlich wertvoll sind: Gut-angesehen-Sein, Frohsein scheinen verurteilt zu werden; und Dinge, die uns mit Recht ängstigen: Verachtetsein, Weinen, Hungerleiden, scheinen gerühmt zu werden. Doch das ist nur ein Teil des Rätsels. Rätselhafter noch ist dies: Indem die Armen seliggepriesen werden, wird ihnen zugleich eben das versprochen, was bei den Reichen verurteilt wird: Besitz, Fröhlichkeit, guter Ruf.

Nicht also der Reichtum an sich und aus Prinzip wird verurteilt und nicht die Armut an sich und aus Prinzip wird gepriesen, sondern es ist etwas anderes, auf das unser Augenmerk gerichtet wird. Und das nicht, um die Wohlhabenden zu entlasten.

Die falsche Zeit

Das Wort, das hier weiterführt, ist das Wort „jetzt“: *Selig, die ihr jetzt hungert...* und *wehe euch, die ihr jetzt lacht*. Nur jetzt gilt dieses „selig“ und dieses „wehe“. Später soll die Armut, sollen Hunger, Weinen und Verachtetsein verwünscht – später soll der Besitz, soll das gute und glückliche Leben gepriesen werden.

Kann man sagen, wann das „Jetzt“ aufhört und wann das „Später“ anfängt? Hat das „Später“ vielleicht längst angefangen und wir hätten Grund, unseren Wohlstand und unsere Fröhlichkeit guten Gewissens zu genießen? Und, so fragen sich vielleicht einige erleichtert: Da man dies gerade nicht entscheiden kann, muß deshalb nicht alles offen bleiben und muß darum nicht jeder mit seinem Los so gut wie möglich leben, die Besitzenden mit dem ihren und die Armen mit dem ihren? – So, als wären Wohlstand und Armut ein Schicksal und keine Geschichte – keine Siegergeschichte, keine Leidensgeschichte!

Gott schuf das Weltall
und dann die Erde.
Auf dem kleinen Planeten
schufen wir Abendländer
die Erste, Zweite und
Dritte Welt.
Die Ersten sind wir.
Wir schufen die Dritte Welt
mit Unterwerfung, Raubbau
und Menschenverachtung.
Jahrhundertelang
befrachteten wir
die Schiffe mit Beute,
verteilten fremdes Eigentum,
erzwangen abendländische Tünche.
Die Dritte Welt,
geplünderter Garten,
betäubte Wunde der Erde,
erwacht
geschüttelt von Krämpfen,
um endlich zu leben.
Wir sind an der Reihe,
den ersten Platz
zu verlassen.
(Textwand am Pfarrzentrum in
Gengenbach/Schwarzwald)

Auch wenn die Frage nach Schuld und Geschichte nicht geklärt werden könnte oder andere Kausalitäten aufgezeigt würden (es wird immer andere Erklärungen geben!): Der Evangelist sagt, daß gar kein Zweifel möglich ist, wann der Reichtum verurteilt und als schlechterdings gottlos angeprangert werden muß. Die Frage lautet: Gibt es jetzt Arme in der Welt? Wenn ja, können die, welche zu gleicher Zeit reich sind, nur verwünscht werden! Und gibt es jetzt Hungernde in der Welt? Dann können die, die jetzt satt sind, nur angeklagt werden! Gibt es jetzt vor Ausweglosigkeit und Schmerz Weinende? Dann können die jetzt Lachenden nur verdammt werden. Und gibt es jetzt Verachtete in der Welt? Dann können die jetzt gut Angesehenen und Renommierten nur verflucht werden.

> *Es gibt das Zweithaus, den Zweitwagen, die Zweitfrisur. Es gibt den Zweitmann, die Zweitfrau, das Zweitfernsehen, tragbar, nimmt man überallhin. Es herrscht kein Mangel an Abwechslung, für den Zweiturlaub werden ferne Länder parzelliert angeboten, auf fremde Tiere darf geschossen werden. Auch der Alltag ist schön, die Mülleimer sind voll Champagnerflaschen und Gänselebertöpfchen, der Brotverbrauch geht zurück. Das lebt, sagte der arme Jude, als er den überaus prächtigen Leichenzug an sich vorüberkommen sah.* (Marie Luise Kaschnitz)

Konsequenzen

Es kommt Jesus gerade nicht darauf an, Glück, Wohlstand und Ansehen, sozusagen das gute Leben „aus Prinzip" zu verdächtigen und zu verurteilen – „die Geburt des Christentums aus dem Geist des Ressentiments" (F. Nietzsche) –, sondern das zu frühe Glück der Menschen, ihren vorzeitigen, d. h. deplazierten Wohlstand! Es ist wichtig, diese historische Bedingung zu bedenken (welch unsäglich falscher und unevangelischer Rat, die Bergpredigt bzw. Feldrede zu enthistorisieren, zu entpolitisieren!), sonst wird alles falsch und wir enden wieder bei jener weltfremden, ressentimentgeladenen Religion, die „den Menschen in seiner Weltlichkeit... ‚madig macht'" (D. Bonhoeffer)[9] und die sich als derart fragwürdig erwiesen hat, daß die meisten Christen sie belustigt beiseite gelegt haben, um sich mit bestem Gewissen und ohne religiösen Einspruch nun dem Konsum, dem irdischen Glück und Wohlstand zu widmen. Sie schütten das Kind mit dem Bade aus: das Evangelium mit einer fragwürdigen christlichen Moral.

Um es zu wiederholen und einzuschärfen: Es kommt dem Bergprediger nicht so sehr darauf an, daß Christen einen prinzipiellen Standpunkt dem Reichtum und der Armut, dem Glück und dem Elend gegenüber einnehmen, – das Christentum ist keine Weltanschauung! –, sondern darauf, daß sie die gegenwärtig Armen entdecken, d. h. einen historischen, zeitbezogenen und insofern politischen Standpunkt beziehen, und dies praktisch und zwar jetzt.

Die Adressaten

Angeredet sind in den Seligpreisungen der Feldrede vor allem die „Jünger". Bei diesem Wort wird gern an eine kleine, berufene Kerngruppe gedacht – selbst fühlt man sich entlastet und entschuldigt. Dies ist ein Mißverständnis, vielleicht ein lange eingeübter christlicher „Trick", um sich aus der evangelischen Verantwortung davonzustehlen. „Jünger", das ist keine christliche Elite, sondern das sind die Christen. Sie hören den Prediger dort auf dem Feld, unterhalb des Berges, und schließen sich ihm an durch ein radikales, konsequentes Leben oder sie schließen sich ihm nicht an. – So trennen sich Christen von Nicht-Christen.

Fünf waren töricht, fünf waren klug (Mt 25, 1–13)

[1]Dann wird es mit dem Himmelreich sein wie mit zehn Jungfrauen, die ihre Lampen nahmen und dem Bräutigam entgegengingen. [2]Fünf von ihnen waren töricht, und fünf waren klug. [3]Die törichten nahmen ihre Lampen mit, aber kein Öl, [4]die klugen aber nahmen außer den Lampen noch Öl in Krügen mit. [5]Als nun der Bräutigam lange nicht kam, wurden sie alle müde und schliefen ein. [6]Mitten in der Nacht aber hörte man plötzlich laute Rufe: Der Bräutigam kommt! Geht ihm entgegen! – [7]Da standen die Jungfrauen alle auf und machten ihre Lampen zurecht. [8]Die törichten aber sagten zu den klugen: Gebt uns von eurem Öl, sonst gehen unsere Lampen aus. [9]Die klugen erwiderten ihnen: Dann reicht es weder für uns noch für euch; geht doch zu den Händlern und kauft, was ihr braucht. [10]Während sie noch unterwegs waren, um das Öl zu kaufen, kam der Bräutigam; die Jungfrauen, die bereit waren, gingen mit ihm in den Hochzeitssaal, und die Tür wurde zugeschlossen. [11]Später kamen auch die anderen Jungfrauen und riefen: Herr, Herr, mach uns auf! [12]Er aber antwortete ihnen: Amen, ich sage euch: Ich kenne euch nicht. [13]Seid also wachsam! Denn ihr wißt weder den Tag noch die Stunde.

Der Bräutigam, der Messias, das Heil, also das geglückte Leben, frei von Angst, Verzweiflung und Sinnlosigkeit – alle sehnen sich danach, möchten es leben, können es aber nicht. Wer gehört zu den Klugen und wer zu den Törichten?

Ungelebtes Leben

Es entscheidet sich, um im Bild des Gleichnisses zu bleiben, am Öl, und zwar am Öl, das am Ende noch da ist. Wie lebt man, damit am Ende noch „Öl“, d. h. die Befähigung da ist, das Reich Gottes in Besitz zu nehmen?

Falsch wäre die Vorstellung, die entscheidende Kraft am Ende würde dadurch gewonnen, daß man sie, ein Leben lang, zurückhält: Dies stimmt schon biologisch nicht und wie wenig mag es im Zusammenhang von Heil und Erlösung stimmen, wo das Wort gilt: *Nutzt die Zeit!* (Eph 5,15)

Eine ängstliche, lange bestimmend gewesene Religiosität hat dennoch geglaubt, alles käme darauf an, das Leben gleichsam aufzusparen, mit „gedrosselter,“ unterdrückter Lebensfreude seine Tage zu verbringen – „wir sind nur Gast auf Erden“ – um am Ende nicht „töricht“ dazustehen. Ob dies nicht die eigentlich Törichten sind: Menschen, deren „Lampen“ nicht brennen werden, weil sie ihr Leben nie wirklich gelebt haben? – Wie lebt man so, daß am Ende noch Leben genug da ist, um in das Reich einzugehen?

Es wird nicht darauf ankommen, Glück, Freude, diesseitiges Leben ängstlich zurückzuhalten – „Niemals hat Jesus die Gesundheit, die Kraft, das Glück eines Menschen an sich in Frage gestellt und wie eine faule Frucht angesehen; warum hätte er sonst Kranke gesund gemacht, Schwachen die Kraft wiedergegeben?“ (D. Bonhoeffer)[10] –, sondern darauf, mit dem Leben verbündet zu sein: so daß die Befähigung zum Reich Gottes, die am Ende da sein muß, nur dann auch wirklich da ist, wenn sie schon mitten im Leben einsetzt und wächst: *wie ein Senfkorn, das ein Mann in seinem Garten in die*

Erde steckte; es wuchs und wurde zu einem Baum, und die Vögel des Himmels nisteten in seinen Zweigen. (Lk 13,19)

Betrogene Hoffnungen

Versuch, das „törichte" Leben näher zu beschreiben: Es ist das scheinbar ganz normale Leben, von der Wirtschaft gewünscht, von der Werbung gefördert, von den Massenmedien propagiert. Wir leben es in der Regel alle: ein Leben des geringsten Widerstands, des Konsums und größtmöglichen Erfolgs. So wird die Sehnsucht marktgerecht verkleinert, auf die Angebote des Augenblicks gelenkt und – rasch – befriedigt. Der nächste Durst kommt gewiß und eine raffinierte Angebots-Strategie weiß schon, wie er gestillt wird. Aber unsere Hoffnungen – die wirklichen! – werden immer kleiner, konformer und das „Glück", das wir erleben, immer dürftiger. Kaum zu merken, wie die Erwartungen langsam verkümmern, am Ende sind sie identisch mit dem, was sich jeder gerade noch leisten kann und was auf dem Markt ist. „Töricht" ist dieses Leben, weil es die Hoffnung, statt zu erneuern, verstümmelt, weil es zuläßt, wie die Sehnsucht ausgebeutet und nicht in jener eindeutigen Richtung bestärkt wird, die ihr von Gott her innewohnt: in Richtung auf Liebe, umfassende Freundschaft, für andere offenes Glück. „Töricht" ist dieses Leben vor allem deshalb, weil es die elementare Lebenskraft, die am Ende für das Reich Gottes gebraucht würde, verbraucht, statt sie zu stärken.

Steine am Ufer
kennen die Müdigkeit.
Sie sind abwesend.
Sie werden kleiner
in Jahrmillionen.
Sie speichern weniger Wärme.
Sie sterben. (Walter Helmut Fritz)

Genutzte Zeit

Es ist nicht schwierig, sich vorzustellen, warum die Klugen den Törichten kein Öl abgeben bzw. warum die Törichten so spät von den Händlern zurückkehren. Gesagt wird nur dies: Niemand kann den „Törichten" helfen. Es fehlt ihnen jene Eignung, jene Lebenskraft und unverwüstliche Sehnsucht, die durch nichts anderes „gekauft" werden können als durch das eigene, gelebte Leben, die wirklich genutzte Zeit: Es ist so aussichtslos, die langsam hingedämmerten, beruhigten, satt, unbeweglich und unansprechbar gewordenen Menschen für den langen Weg in das Reich Gottes zu gewinnen!
Anders dagegen die „Klugen". Sie, die gelebt haben, ohne Enge und Ängstlichkeit, die aber alles Hinderliche, alle trügerischen, konsumistisch verkleinerten Hoffnungen abwarfen, die sich in ihrer Sehnsucht nie haben irre machen lassen; die immer über die Grenzen des eigenen Ich und auch der eigenen Überzeugungen und Interessen hinauszuschauen vermocht haben und also fähig waren zur Solidarität, die besitzen, aber auch teilen konnten, sie verfügen über die eigentliche Kraft, auf die es ankommt. Sie können am Ende die Lampen entzünden und dem Messias entgegengehen.

Die Ewigkeit
mit einem Leben unterbrechen.
Die gemeinsame Zeit
nicht im Stich lassen.
Damit etwas entsteht,
das es gegeben hat. (W. H. Fritz)

IV. Ohr der Menschheit / du mit dem kleinen Lauschen beschäftigtes / würdest du hören? (Nelly Sachs)

Wird Josef glauben? (Mt 1,18–25)

> [18]*Mit der Geburt Jesu Christi war es so: Maria, seine Mutter, war mit Josef verlobt; noch bevor sie zusammengekommen waren, zeigte sich, daß sie ein Kind erwartete – durch das Wirken des Heiligen Geistes.* [19]*Josef, ihr Mann, der gerecht war und sie nicht bloßstellen wollte, beschloß, sich in aller Stille von ihr zu trennen.*

Dies ist eine heikle Situation: Josef, der Verlobte Marias, erfährt etwas, das seine Welt zusammenbrechen läßt (kann sie neu aufgebaut werden?): Maria erwartet ein Kind, und zwar nicht von ihm; es heißt: vom *Heiligen Geist.*

Kleine Rechtschaffenheit

Der noch nicht eingeweihte Josef sieht etwas ganz anderes als Geist... Zwar bleibt er ein Ehrenmann. Nach jüdischem Recht hätte er Maria öffentlich als Ehebrecherin verklagen können – Josef gedenkt „nur“, sie heimlich zu entlassen. Die Schrift

nennt ihn darum *gerecht*, das heißt: barmherzig, fromm. Und in der Tat: Josef tut, was er als Nichteingeweihter tun kann! Er steht da als humaner, redlicher Mensch. Trotzdem, wer die Geschichte überblickt, weiß, wie wenig Josef der Situation gerecht wird, wie sehr er alles zu zerstören droht: sich selbst, Maria und die Hoffnungen der Menschheit. Als frommer Mann, der das Recht auf seiner Seite hat, ist Josef im Begriff, schweres Unrecht zu begehen. Seine Humanität und Rechtschaffenheit, seine Toleranz und Moralität erweisen sich als unangemessen, ja als gottlos.
„Josef“, das sind wir selbst, Christen dieser Zeit, auf „Redlichkeit“, „Humanität“, „Toleranz“, „Freiheit“ bedacht und anderen (Kulturen, Gesellschaftsordnungen etc.) vermeintlich weit überlegen. Aber ist diese beanspruchte Humanität nicht weit mehr noch als bei Josef ungerecht und grausam, und wird die (eigene!) Freiheit heute nicht viel rigoroser verteidigt, als Menschen dies je zuvor getan haben, nach wie vor ohne Rücksicht auf andere, also verantwortungslos? So ist eben die Welt eingerichtet, wird gesagt (Josef könnte es ebenso gesagt haben), man muß sich so gut und fromm wie möglich in diesen Grenzen bewegen. – Nichts wurde gelernt aus der Menschwerdung Gottes!

Wenn der Mensch mehr wäre?

Wenn aber Mensch und Welt, Religion und Moral mehr wären? Wenn es gerade nicht darauf ankäme, alles Fremde abzudrängen und das Bekannte und Vertraute sogleich einzuzäunen, sich in ihm einzurichten, einzubunkern! und es – egal um welchen Preis – zu verteidigen? Wenn es darauf ankäme, sich nach Neuem, noch nicht Bekanntem auszurichten: es kann von überall her kommen, vielleicht sogar (wieder!) von dort, woher man es am allerwenigsten vermutet.

[20]Während er noch darüber nachdachte, er-
schien ihm ein Engel des Herrn im Traum und
sagte: Josef, Sohn Davids, fürchte dich nicht,
Maria als deine Frau zu dir zu nehmen; denn
das Kind, das sie erwartet, ist vom Heiligen
Geist. [21]Sie wird einen Sohn gebären; ihm
sollst du den Namen Jesus geben; denn er wird
sein Volk von seinen Sünden erlösen.
[22]Dies alles ist geschehen, damit sich erfüllte,
was der Herr durch den Propheten gesagt hat:
[23]Seht, die Junfrau wird ein Kind empfangen,
einen Sohn wird sie gebären,
und man wird ihm den Namen Immanuel
geben, das heißt übersetzt: Gott ist mit uns.

Als Josef fast sicher ist, daß man sich bescheiden müsse mit den begrenzten Möglichkeiten, da erscheint ihm im Traum ein Engel, d. h. Josef macht eine radikal neue Erfahrung. Eine andere als die ihm vertraute Stimme seines Gewissens, seiner Vernunft und seines Glaubens, teilt ihm das Unerwartete mit: das Kind, an dem er Anstoß genommen hatte, das er verwerfen wollte, ist die leibhaftige Verheißung Gottes. Und ausgerechnet Josef, der auf Distanz gegangen war, soll diese Verheißung beim Namen nennen dürfen: *Jesus,* d. h. übersetzt: „Gott ist Befreiung und Heil"; Gott wird die Aussichtslosigkeiten und Zwänge dieser Welt sprengen; er wird eine neue Zukunft eröffnen, weit über das hinaus, was je für möglich gehalten wurde – er wird es tun, für den Fall, daß Josef einwilligt und Sorge trägt für das Kind. – Wird Josef Verantwortung übernehmen für eine Wirklichkeit, die noch nie möglich war?

[24]Als Josef erwachte, tat er, was der Engel des
Herrn ihm befohlen hatte, und nahm seine

Frau zu sich. [25]Er erkannte sie aber nicht, bis sie ihren Sohn gebar. Und er gab ihm den Namen Jesus.

Göttliche Möglichkeiten

Josef läßt sich befreien aus dem Käfig seiner kleinen Moralität und Anständigkeit, seiner kleinen Toleranz und Rechtschaffenheit. Er erkennt – durch einen Traum – daß es Wirklichkeiten gibt, die ergriffen werden müssen, um möglich zu sein. Er ahnt, daß der Mensch mehr ist als er weiß, daß es eine unerhörte Zukunft des Rechts, der Freiheit, kurz: der Humanität gibt. Er begreift: Erst wer sich um diese Zukunft sorgt, kann ermessen, welche Toleranz zu üben ist, wo die Menschlichkeit Gottes beginnt.

Das Mögliche umfaßt ... nicht nur die Träume nervenschwacher Personen, sondern auch die noch nicht erwachten Absichten Gottes..., sie haben, wenigstens nach Ansicht ihrer Anhänger, etwas sehr Göttliches in sich, ein Feuer, einen Flug, einen Bauwillen und bewußten Utopismus, der die Wirklichkeit nicht scheut, wohl aber als Aufgabe und Erfindung behandelt. Schließlich ist die Erde gar nicht alt und war scheinbar noch nie so recht in gesegneten Umständen. (Robert Musil, Der Mann ohne Eigenschaften)

Haben nicht alle eine schwache, vielleicht unbewußte Ahnung davon, daß ein Leben ohne diese göttlichen Möglichkeiten menschenunwürdig ist: daß die kleine Rechtschaffenheit sehr schnell zur Rechthaberei, die kleine Mündigkeit zur Selbstherrlichkeit verkommen; daß die kleine Toleranz, die nur auf eine glatte Rechnung hin gewährt wird und jedes Fremdbleibende, Geheimnisvolle zurückweist, zynisch ist und die kleine Humanität doktrinär? Überhaupt, daß dort, wo zu schnell „Doktrinen" aufgestellt werden in Politik, Kirche oder Moral, wieder zurückgegangen wird hinter alles, was Josef wußte? Darin liegt jedoch nicht das Problem, ob Menschwerdung für sinnvoll erachtet wird, ob ein Traum, wenn auch noch so vergessen, existiert oder eine Sehnsucht wenigstens unbewußt vorhanden ist – oder sogar eine Hoffnung. Das Problem liegt hier: Ob Menschen die Menschwerdung wollen, ob sie zu ihren Hoffnungen stehen und Sorge tragen für die alte Verheißung, die schon Josef aus dem Schlaf riß; ob sie das Heil, das bereitsteht, ergreifen und Verantwortung übernehmen für eine göttliche Wirklichkeit, die nur getan werden muß, um tatsächlich möglich zu sein.

Leiden zwischen Apathie und Sympathie (Lk 10,25–37)

25 Da stand ein Gesetzeslehrer auf, und um
Jesus auf die Probe zu stellen, fragte er ihn:
Meister, was muß ich tun, um das ewige Leben
zu gewinnen? 26 Jesus sagte zu ihm: Was steht
im Gesetz? Was liest du dort? 27 Er antwortete:
‚Du sollst den Herrn, deinen Gott, lieben mit
ganzem Herzen und ganzer Seele, mit all
deiner Kraft' und all deinen Gedanken, und
‚Deinen Nächsten sollst du lieben wie dich
selbst'. 28 Jesus sagte zu ihm: Du hast richtig
geantwortet. Handle danach, und du wirst
leben. 29 Der Gesetzeslehrer wollte seine Frage
rechtfertigen und sagte zu Jesus: Und wer ist
mein Nächster?

30 Darauf antwortete ihm Jesus: Ein Mann
ging von Jerusalem nach Jericho hinab und
wurde von Räubern überfallen. Sie plünder-
ten ihn aus und schlugen ihn nieder, dann
gingen sie weg und ließen ihn halbtot liegen.
31 Zufällig kam ein Priester denselben Weg
herab; er sah ihn und ging weiter. 32 Auch ein
Levit kam zu der Stelle; er sah ihn und ging
weiter. 33 Dann kam ein Mann aus Samarien,
der auf der Reise war. Als er ihn sah, hatte er
Mitleid, 34 ging zu ihm hin, goß Öl und Wein
auf seine Wunden und verband sie. Dann hob
er ihn auf sein Reittier, brachte ihn zu einer
Herberge und sorgte für ihn. 35 Am andern
Morgen holte er zwei Denare hervor, gab sie
dem Wirt und sagte: Sorge für ihn, und wenn

du mehr für ihn brauchst, werde ich es dir bezahlen, wenn ich wiederkomme.
[36]Was meinst du: Wer von diesen dreien hat sich als der Nächste dessen erwiesen, der von den Räubern überfallen wurde? [37]Der Gesetzeslehrer antwortet: Der, der barmherzig an ihm gehandelt hat. Da sagte Jesus zu ihm: Dann geh und handle genauso!

Gestalten ohne Geschichte

Die Spannung zwischen Leben und Tod und wie man auf die Seite des Lebens bzw. auf die Seite des Todes gerät, ist in dieser Beispielerzählung Jesu unmißverständlich dargestellt.
Das beginnt schon rein äußerlich, durch die Art, wie der Text mit den verschiedenen Personen umgeht: nur der mit-leidende Samariter hat in ihr eine Geschichte, die berichtet wird – neben der Geschichte des Halbtoten; Priester und Levit verschwinden förmlich aus der Erzählung, ohne daß über ihren Verbleib auch nur ein einziges Wort fällt. Es geht ihnen damit nicht besser als dem Räuber, der den Mann halbtotgeschlagen hat. Im Grunde sagt die Erzählung: Priester und Levit sind wie der Räuber verstrickt in den Todes- und Tötungszusammenhang. Ihre Geschichte geht deshalb nicht weiter. Nur der Samariter steht auf der Seite des Lebens.
Objektiv stehen Priester und Levit auf der Seite des Todes, in der Nähe des Räubers. Subjektiv fühlen sie sich auf der Seite des Lebens, denn sie glauben auf der Seite Gottes zu stehen. Dieser Punkt scheint wichtig, nicht nur, um die Geschichte vom barmherzigen Samariter zu verstehen, sondern um die eigene geschichtliche Situation zu begreifen.
Hier legen sich Analysen nahe, die H. Marcuse im Blick auf die modernen Gesellschaften vorgenommen hat: die heutige Industrie- und Wohlstandsgesellschaft sei, ohne dies wahrzuneh-

men (also nicht „subjektiv“, wohl aber „objektiv“) „obszön“, insofern sie einen erstickenden Überfluß an Waren produziere und schamlos zur Schau stelle, während sie draußen, an den Peripherien der Welt, ihre Opfer der Lebenschancen beraube[11].

„Obszön“ in einem vergleichbaren Sinne ist auch jener Vorgang auf der Straße von Jerusalem nach Jericho: rücksichtslos vollzieht sich das klerikale Ritual und verschlechtert die Überlebenschancen des Zerschundenen. Die übliche moralische oder religiöse Entrüstung führt dennoch nicht weiter, einmal, weil sie verkennt, daß die beiden Gottesmänner in Übereinstimmung mit ihrer Moral und Religion – also gewissenhaft – handeln, zum anderen, weil unsere eigene Moral und Religion nicht verhindern, daß wir selbst uns, als Mitglieder einer Überflußgesellschaft, Tag für Tag ähnlich widersprüchlich und objektiv unmenschlich verhalten.

Auf der Seite des Lebens – auf der Seite des Todes

Daß es diesen Bruch zwischen subjektivem Gefühl und objektiver Wirklichkeit gibt, daß einer, der auf der Seite des Lebens zu stehen meint, in Wirklichkeit auf der Seite des Todes stehen kann, daß Menschen also besten Wissens und Gewissens die Leiden anderer Menschen ignorieren und so am Ende vergrößern können, dies erklärt Marcuse mit dem Begriff der „zweiten Natur“: Normen, Wertvorstellungen, moralische und religiöse Grundsätze sind weder nur an der Oberfläche des Bewußtseins angesiedelt, noch sind sie einfach nur verinnerlicht, so daß man sie sich, wenn man bewußt genug lebt, jederzeit vor Augen führen könnte; sondern sie reichen viel tiefer: bis hinein in das organische Leben, in die Gefühle, Triebe, ja bis in die Wahrnehmungen und das Gewissen der Menschen. Auf diese Weise kann es geschehen, daß die falschen Verhaltensmuster und Wünsche einer Gesellschaft oder religiösen Gemeinschaft Teil der Natur ihrer Mitglieder werden. Der Blick verengt sich, sieht nur das, was den eigenen Interessen, Anschauungen, moralischen Überzeugungen entspricht; die Erfahrung wird langsam zerstört und das Verhalten wird entsprechend zerstörerisch sein. Eine Umkehr, die nicht bis in die zweite Natur, bis zu dem „in sich verkehrten Herzen“ (Luther) vordringt, ist unvollständig, trügerisch, ruinös.

Während ich diese Betrachtungen anstelle, sterben Menschen am Hunger und dessen Folgen: hunderte stündlich. – Wir, die wir uns auf der Straße des Wohlstands bewegen, von der Sorge um Sicherheit und gesicherten Besitz derart beherrscht, daß wir den tödlich bedrohten Menschen an den Bordsteinen der Dritten Welt nicht einmal wahrnehmen, empfinden unseren Lebensstandard als völlig natürlich und natürlich auch als moralisch. Er entspricht unseren vitalen Bedürfnissen und den Grundwerten unserer Gesellschaft.

Umkehr zum Leben

Jesus sprach, als er die Beispielerzählung vom sympathischen Samariter und den apathischen Gottesmännern vortrug, von Umkehr bis in die zweite, in diesem Fall durch falsche Religion verfälschte Natur. Am *Samariter*, der gesellschaftlich und religiös im Abseits stand und diskriminiert war, hat er seine neue Religion der Gottes- und Menschenliebe erläutert. – Diese Religion verengt nicht den Blick, sondern weitet ihn, grenzt die Erfahrung nicht ein, sondern befähigt zu solidarischer Wahrnehmung: über Grenzen hinweg.

Aber Jesus, der das Evangelium als Umkehr vom Tod zum Leben, von der Apathie zur Sympathie verkündet, der alles schonungslos anklagt, was die Herzen der Menschen verfinstert und die Erfahrungen, Wahrnehmungen und Gefühle verfälscht, erregte nicht nur bei der religiösen Elite, sondern auch in weiten Teilen des durch sie repräsentierten Volkes Anstoß. Nur wenige waren bereit, sich zu ändern. Es lag näher, Jesus aus der Welt zu schaffen. – Um in Marcuses Schema zu bleiben: Auch die „zweite“ Natur hat ein vitales Interesse an Selbsterhaltung und reagiert mit Aggressivität, Haß und, wenn es sein muß, tödlicher Gewalt auf die prophetische Botschaft der Umkehr. Damit muß rechnen, wer mit Entschiedenheit dieser Botschaft folgen und inmitten einer apathischen, mitleidlosen, todbringenden Welt auf die Seite des Lebens treten will.

Noch mit etwas anderem muß er rechnen: Es ist (hierzulande) so eingerichtet, daß niemand mehr auf der Straße liegt. Kranke, Alte und Behinderte werden in sterilen Pflegestationen „fürsorglich“ untergebracht; zu den Sterbenden in den technisch perfekten Intensivstationen hat man kaum Zugang – „intensiv“ ist nur die Station, nicht die Menschlichkeit; die psychisch Kranken sind gewissenhaft besänftigt: man hört sie nicht, man sieht sie nicht. Die Straßen sind frei! Es ist Ruhe im Land!

Also darf man, will man dem Leiden auf der Spur bleiben, nicht mehr einfach „seines Weges“ gehen, gedankenlos und unkritisch. Vielmehr muß man die gewohnten Wege und Bahnen verlassen und dorthin (nach-)gehen, wohin die „Halbtotgeschlagenen“ geschafft wurden. Mit anderen Worten: Der Weg von Jerusalem nach Jericho muß erst noch entdeckt werden, und – es handelt sich ja im Text um einen *Samariter* –, man muß seine ideologischen, gesellschaftlichen, religiösen Vorurteile ablegen, wenn Liebe wirklich radikal sein will. – Es heißt im Evangelium ja nicht: Liebe deinen Kumpan oder Kollegen, sondern: *deinen Nächsten!*

Die Händler müssen weg! (Joh 2,13–22)

[13]Das Paschafest der Juden war nahe, und Jesus zog nach Jerusalem hinauf. [14]Im Tempel fand er die Verkäufer von Rindern, Schafen und Tauben und die Geldwechsler, die dort saßen. [15]Er machte eine Geißel aus Stricken und trieb sie alle aus dem Tempel hinaus, dazu die Schafe und Rinder, das Geld der Wechsler schüttete er aus, und ihre Tische stieß er um. [16]Zu den Taubenhändlern sagte er: Schafft das hier weg, macht das Haus meines Vaters nicht zu einer Markthalle! [17]Seine Jünger erinnerten sich an das Wort der Schrift: ‚Der Eifer für dein Haus verzehrt mich'.

Die Wut Jesu

Wir sind Zeugen einer Aktion, die, immer wenn sie gelesen oder gehört wird, eine Art Befriedigung verschafft: endlich spricht Jesus eine deutliche Sprache, greift er ein, schlägt um sich, läßt es nicht bewenden bei Pharisäer-Schelte und Wehe-Ruf. Hier wird gleichsam nachgeliefert, was im Evangelium zu kurz kommt, zurückgedrängt scheint, vielleicht redaktionell geglättet wurde: die Wut des Messias in leibhaftiger Explosivität.

Die Christen aber, die froh sind, auch einmal diesen Jesus bestätigt zu sehen, verkennen möglicherweise, daß solcher Zorn Jesus ans Kreuz führen wird, daß also eine Frage von Leben und Tod aufgeworfen ist, und: daß sie selbst angegriffen und gemeint sein könnten, davongejagt, ohne es zu ahnen. – Sehen wir zu.

Zunächst: Gehandelt wurde im Tempelbezirk natürlich nicht mit beliebigen Waren – dies hätte auch die offizielle Tempelbehörde als ungehörige Profanierung empfunden und geahndet –, sondern mit Dingen, die im Kult Verwendung fanden: Opfertieren, Öl, Wein, Mehl... Daß dies ein religiöser Markt war, muß Jesus bewußt gewesen sein und die Aktion ergäbe keinen Sinn, wenn er nur die Händler vertrieben und nicht auch den kultischen Zusammenhang zumindest mitgemeint hätte: das Opfer selbst, diese deftig-merkantile Form der Gottesverehrung, der rituellen Pflichterfüllung und generell: die im Opfer als einer Ersatz-Leistung sich ausdrückende distanzierte, materialistische Frömmigkeit der damaligen Zeit. Wohl müssen Opfer gebracht werden, gerade heute wieder, wenn die Menschheit brüderlich überleben will, Opfer, die ohne Frage über die persönlichen Vorstellungen und den „Horizont" der Zeitgenossen hinausgehen. Aber dies wäre bereits die ganz andere Richtung: nicht die des quasi-technischen Ersatzopfers, sondern die der uneigennützigen, couragierten Liebe. – *Barmherzigkeit will ich, nicht Opfer* (Mt 9,13).

Tempel Gottes

Als Jesus die Händler und Käufer vertrieb und die geschäftige Normalität an heiliger Stätte durcheinanderbrachte, muß er den Tempel wie einen fremden, widergöttlichen Ort wahrgenommen haben, so stark, daß ihm, als seine Gegner ihn nach einer Legitimation fragten, ein ganz unglaubliches, unentfremdetes Kontrastbild in den Sinn kam, voller Todesahnung und Auferstehungshoffnung:

> *18 Da stellten ihn die Juden zur Rede: Welches Zeichen läßt du uns sehen als Beweis, daß du dies tun darfst? 19 Jesus antwortete ihnen: Reißt diesen Tempel nieder, in drei Tagen*

werde ich ihn wieder aufrichten. [20]Da sagten die Juden: Sechsundvierzig Jahre wurde an diesem Tempel gebaut, und du willst ihn in drei Tagen wieder aufrichten? [21]Er aber meinte den Tempel seines Leibes. [22]Als er von den Toten auferstanden war, erinnerten sich seine Jünger, daß er dies gesagt hatte, und sie glaubten der Schrift und dem Wort, das Jesus gesprochen hatte.

Daß der Tempel, die Kirche zur heiligen Börse, die Frömmigkeit zu einer entfremdenden Tauschbeziehung mißraten könnten – do ut des – war schon von Luther vermutet und angeprangert worden: Der aufblühende Geldhandel, mit Tetzel als hochsensiblem Missionar, drohte Glauben und Kirche insgeheim zu unterlaufen. – Inzwischen scheint diese Gefahr gebannt, Luthers Lektion ist verstanden, Tetzel historisch beinahe der Lächerlichkeit preisgegeben. Wurde auch zurückgefunden zu Jesus, der die Händler und Käufer vertrieben und auf einer Religion der Unmittelbarkeit bestanden hatte: Einheit von Gottes- und Nächstenliebe, Identifizierung des Lamms mit dem eigenen Leib, diesem eucharistischen Opfer nicht mehr der Entfremdung und des Ersatzes, sondern der Identität; Verwandlung der Tempel-Steine in Leben, so sehr, daß alle einbezogen wären in diesen Prozeß: *Wißt ihr nicht, daß ihr Gottes Tempel seid, und der Geist Gottes in euch wohnt* (1 Kor 3,16)?

Traum von der Kirche

Hineingehen in die Kirche, aber was der Tag und die Woche brachten: Arbeit, Konflikte, Ängste, Wut, nicht arbeitsteilig, sonntagsteilig draußen lassen; hineingehen, um desto intensiver bei den Problemen zu verweilen, die heute wirtschaftlich/weltwirtschaftlich, politisch, menschheitlich anstehen; gehen, und zugleich bei den Menschen und Völkern bleiben, in deren Nähe wir gerufen sind: nicht nur caritativ und distanziert, sondern leibhaftig; im Zweifelsfall die Gabe stehenlassen vor dem Altar und hinausgehen, sich versöhnen mit den Brüdern (vgl. Mt 5,23f).

Unsere Nächstenliebe – ist sie nicht ein Drang nach neuem Eigentum? (Nietzsche)

Ob die Christen statt dessen fortfahren, vielleicht ohne es zu merken, „Händler“ in Sachen Religion zu sein, hinter „Rechnungen“ sitzend und mit Dingen spekulierend, für die sie nach wie vor etwas bekommen wollen? Zwar sind sie aufgeklärt über den Ablaß und sie wissen auch, daß Gebete, fromme Wünsche oder bloße Gesinnungen allein nicht helfen, daß eine neue Praxis hinzutreten müsse; aber die praktische Frömmigkeit: ist sie nicht wieder, verräterisch genug, auf den Einsatz von Geld, diesen „Ersatz für das Mitleiden am fremden Leid“ (J.B. Metz) reduziert? Zwar sind die Spendengelder millionenfach ersehnt und der Beifall erschallt weltweit; aber das risikolose „Opfer“, die religiöse Vergoldung der Überschüsse (keiner greift die Existenzgrundlagen an!): bleiben sie nicht ein „Handel“ vorbei an den tatsächlichen Bedürfnissen der *geringsten Brüder* (Mt 25,40), denen Spenden zuteil werden, aber nicht Brüderlichkeit; etwas, das letztlich dem eigenen Gewinn dienen soll: jetzt schon einem ruhigen Gewissen und später – wir sind noch immer so unbescheiden – einer Ewigkeit?
Welcher (Lebens-)Einsatz ist statt dessen geboten, welche (einschneidenden) Veränderungen sind – bei uns! – nötig, welche (spürbaren) Verzichte wären an der Zeit, damit die Menschheit solidarisch leben und eine „Zivilisation der Liebe“ Wirklichkeit werden kann? In den Zusammenhang solcher Fragen gehört unser Text! Die Händler müssen weg!

Die Wahrheit ist lebendig oder – tödlich (Joh 18,28–40)

28Von Kajaphas brachten sie Jesus zum Präto-
rium; es war früh am Morgen. Sie selbst
gingen nicht in das Gebäude hinein, um nicht
unrein zu werden, sondern das Paschalamm
essen zu können. 29Deshalb kam Pilatus zu
ihnen heraus und fragte: Welche Anklage
erhebt ihr gegen diesen Menschen? 30Sie ant-
worteten ihm: Wenn er kein Übeltäter wäre,
hätten wir ihn dir nicht ausgeliefert. 31Pilatus
sagte zu ihnen: Nehmt ihr ihn doch, und
richtet ihn nach eurem Gesetz! Die Juden
antworteten ihm: Uns ist es nicht gestattet,
jemand hinzurichten. 32So sollte sich das Wort
Jesu erfüllen, mit dem er angedeutet hatte, auf
welche Weise er sterben werde. 33Pilatus ging
wieder in das Prätorium hinein, ließ Jesus
rufen und fragte ihn: Bist du der König der
Juden? 34Jesus antwortete: Sagst du das von
dir aus, oder haben es dir andere über mich
gesagt? 35Pilatus entgegnete: Bin ich denn ein
Jude? Dein eigenes Volk und die Hohenprie-
ster haben dich an mich ausgeliefert. Was hast
du getan? 36Jesus antwortete: Mein Königtum
ist nicht von dieser Welt. Wenn es von dieser
Welt wäre, würden meine Leute kämpfen,
damit ich den Juden nicht ausgeliefert würde.
Aber mein Königtum ist nicht von hier. 37Pila-
tus sagte zu ihm: Also bist du doch ein König?
Jesus antwortete: Du sagst es, ich bin ein
König. Ich bin dazu geboren und dazu in die
Welt gekommen, daß ich für die Wahrheit

Zeugnis ablege. Jeder, der aus der Wahrheit ist, hört auf meine Stimme. [38]*Pilatus sagte zu ihm: Was ist Wahrheit?*
Nachdem er das gesagt hatte, ging er wieder zu den Juden hinaus und sagte zu ihnen: Ich finde keinen Grund, ihn zu verurteilen. [39]*Ihr seid gewohnt, daß ich euch am Paschafest einen Gefangenen freilasse. Wollt ihr also, daß ich euch den König der Juden freilasse?* [40]*Da schrien sie wieder: Nicht diesen, sondern Barabbas! Barabbas aber war ein Straßenräuber.*

Verbotene Fragen

Wahr und falsch; gut und böse; normal und krank, aber besonders wahr und falsch – diese Unterscheidungen sind mehr oder weniger genau bekannt, die Grenzen zwischen den Gegensätzen sind abgesteckt. Man weiß, wo man steht, vor allem: wo der Gegner steht.
Was ist Wahrheit? Diese Frage des Pilatus disqualifiziert sich deshalb scheinbar selbst und sie wird auch gern eingeordnet als die Frage eines Ignoranten in Sachen Wahrheit, eines halt- und orientierungslosen Mannes, der zwar „Statthalter", aber gerade deshalb auch römische Marionette war.
Die Sicherheit jedoch, mit der alle Welt genau, zumindest „steif und fest" weiß, was wahr und falsch, gut und schlecht, was normal und was anormal sei, ist oft Zeichen genau jener Borniertheit, die es Jesus so schwer machte, bei gewissen Zeitgenossen Gehör zu finden, damals und heute, und die ihn schließlich ans Kreuz brachte – trotz Pilatus.

...der Teufel ist nicht der Fürst der Materie, der Teufel ist die Anmaßung des Geistes, der Glaube ohne ein Lächeln, die Wahrheit, die niemals vom Zweifel erfaßt wird. (Umberto Eco, Der Name der Rose).

Die Pilatus-Frage *Was ist Wahrheit* ist möglicherweise hilfreicher als manche markige Antwort, weil hier jener winzige Spielraum des Zweifels sichtbar wird, in dem auch für andere Wahrheiten noch Platz wäre und den die Wahrheit braucht, um leben, sich entfalten und in ihrer Vielfalt bestehen zu können. – In dieser Frage könnte sogar schon ein Hauch, mehr nicht, von jener anderen Frage liegen, die ebenfalls aus dem Johannes-Evangelium bekannt ist und die von den ersten Jüngern gestellt wird: *Meister, wo wohnst du?* (Joh 1,38).

Begegnung mit Jesus

Nach der Begegnung mit Jesus und dem Gespräch über dessen Königtum wird dem Heiden Pilatus zur Frage, was normalerweise nicht fraglich ist. – Doch was ist Wahrheit? Daß ein Wort, ein Satz, ein Urteil die Wirklichkeit richtig wiedergibt: je exakter die Wiedergabe, desto „wahrer" die Aussage; daß ein Sachverhalt in einem redlichen Prozeß der Auseinandersetzung ermittelt wird; daß Sachen und Vorgänge offenbar werden, d. h. sich „entbergen"; daß Wahrheit in dem liegt, was die Dinge nicht mehr oder noch nicht sind, etwas Tragisch-Utopisches also?

Der johanneische Pilatus, der nicht unbeteiligt bleibt, sondern betroffen ist von der Gestalt und der Geschichte Jesu, scheint seine Frage aus der resignativen Grundstimmung dessen zu stellen, der zu wissen meint: Es gibt letztlich keine Antwort – gerade weil es die absolute, fix und fertige Wahrheit nicht gibt. Diese Haltung ist u. U. redlich und insofern respektabel – aber sie tröstet nicht! Hier spricht der Römische Statthalter, der weiß, was gespielt wird und dem dies in der Nähe Jesu umso deutlicher bewußt geworden sein mag: daß nicht Wahrheit und Gerechtigkeit, sondern sogenannte Sachzwänge den Lauf der Dinge bestimmen; daß die Wahrheit mehrheitsfähig und „volkstümlich" sein muß, soll sie sich durchsetzen können und daß es der Erfolg ist, der sich am Ende durchsetzt, der Wahrheit zum Trotz.

Dürftige Wahrheiten

Spätestens hier erweist sich die Pilatus-Frage als unzureichend und dürftig, und es scheint dieser Punkt zu sein, an den der Evangelist uns führen will: Wahrheit, so wie die Bibel sie verkündet, besteht nicht nur in ihrer Übereinstimmung mit der Wirklichkeit, auch nicht einfach in ihrer Mehrheitsfähigkeit, schon gar nicht im Erfolg, den sie hat. Das Geheimnis der Wahrheit Jesu, dies verstand Pilatus nicht, liegt darin, daß man sie bezeugt. Nicht, daß man sie weiß mit dem Kopf, dem Gedächtnis, der rechnenden Vernunft, oder daß man sie mit Hilfe taktischer Klugheit erfolgreich manipuliert, sondern daß man sie mit dem Herzen bekennt, im Zeugnis der Liebe und der Solidarität. *Ich bin dazu geboren und dazu in die Welt gekommen*, spricht der Freund der Armen und Erfolglosen – die die Mehrheit sind, aber die nicht mehrheitsfähig sind –, *daß ich für die Wahrheit Zeugnis ablege.*

Wahrheit als Zeugnis

Man muß sich zu diesem Gedanken zwingen: daß die Wahrheit von Liebe beseelt ist oder aufhört *wahr* im biblischen Sinne zu sein. Wahrheit ist beweglich wie Liebe; Wahrheit kennt keine Grenzen; Wahrheit tut dem Nächsten nichts Böses; Wahrheit ist langmütig und freundlich – aber sie ist auch konfliktfähig; Wahrheit eifert nicht, aber sie ist doch gerade parteilich, wie Liebe parteilich ist; Ausgewogenheit ist der Wahrheit so fremd wie der Liebe. Wahrheit führt deshalb vor die Statthalter und Ordnungshüter, weil sie kämpft, wie die Liebe.

Steh auf, Pilatus!

Von dieser beweglichen, parteilichen, kämpferischen, von Liebe beseelten Wahrheit legt Jesus Zeugnis ab. Pilatus hatte für einen Augenblick die Möglichkeit, sich anzuschließen. Für jeden gibt es die Stunde des Aufbruchs! An Klugheit hat es ihm nicht gefehlt; auch nicht an taktischem Geschick, wenn er sagt: *Ihr seid gewohnt, daß ich euch am Paschafest einen Gefangenen freilasse..;* auch nicht an jenem Mut, mit dem er festzustellen wagte: *Ich finde keinen Grund, ihn zu verurteilen.*
Aber den zweiten Mut hat er nicht aufgebracht: der ihn in Gegensatz zur aufgewiegelten Mehrheit, zu Herodes und dem Hohen Rat, zum eigenen Erfolg und Ansehen gebracht hätte. Dies wäre seine Chance gewesen, aufzustehen und die Wahrheit, der er mit seiner Frage immerhin nahegekommen schien, näher als mancher Wahrheitsfanatiker, zu ergreifen und sie in ihrer lebendigen Wirklichkeit gegen die Arroganz der religiösen und politischen Herrschaft mutig zu bezeugen.

Umkehr aus der Depression (Lk 24, 13–35)

[13]Am gleichen Tag waren zwei von den Jüngern auf dem Weg in ein Dorf namens Emmaus, das sechzig Stadien von Jerusalem entfernt ist. [14]Sie sprachen miteinander über all das, was sich ereignet hatte. [15]Während sie redeten und ihre Gedanken austauschten, kam Jesus hinzu und ging mit ihnen. [16]Doch sie waren wie mit Blindheit geschlagen, so daß sie ihn nicht erkannten. [17]Er fragte sie: Was sind das für Dinge, über die ihr auf eurem Weg miteinander redet? Da blieben sie traurig stehen, [18]und der eine von ihnen – er hieß Kleopas – antwortete ihm: Bist du so fremd in Jerusalem, daß du als einziger nicht weißt, was in diesen Tagen dort geschehen ist? [19]Er fragte sie: Was denn? Sie antworteten ihm: Das mit Jesus aus Nazaret. Er war ein Prophet, mächtig in Wort und Tat vor Gott und dem ganzen Volk. [20]Doch unsere Hohenpriester und Führer haben ihn zum Tod verurteilen und ans Kreuz schlagen lassen. [21]Wir aber hatten gehofft, daß er der sei, der Israel erlösen werde. Und dazu ist heute schon der dritte Tag, seitdem das alles geschehen ist. [22]Aber nicht nur das: Auch einige Frauen aus unserem Kreis haben uns in große Aufregung versetzt. Sie waren in der Frühe beim Grab, [23]fanden aber seinen Leichnam nicht. Als sie zurückkamen, erzählten sie, es seien ihnen Engel erschienen und hätten gesagt, er lebe. [24]Einige von uns

gingen dann zum Grab und fanden alles so, wie die Frauen gesagt hatten; ihn selbst aber sahen sie nicht.

Für die beiden Jünger wird der Weg nach Emmaus, wo sie gewohnt haben dürften, schwerer als sonst. Ihre Hoffnungen scheinen zerbrochen, ihr Einsatz verspielt, ihre Identität bedroht. – Der Weg der Nachfolge würde in eine andere Richtung gehen, nicht nach Emmaus.
Davon, wie diese Depression beendet wird, will die Geschichte berichten. Aber sie will auch von den unmöglichen Wegen sprechen, zum Glauben zu gelangen.

Kein Trost durch Fakten

Den Jüngern ist alles bekannt, was über Jesu Leben und Sterben und über seine angebliche Auferstehung gewußt werden konnte: Daß er ein Prophet war, hingerichtet und ins Grab gelegt wurde, nach dem Zeugnis einiger Frauen dort aber nicht geblieben, sondern, wie Engel verkündet haben sollen, zum Leben erweckt worden sei.
Die Emmausjünger sind Beobachter, Zuschauer, Gerüchtesammler, die alle Daten aufnehmen, gründlich diskutieren und darüber immer trauriger werden. Währenddessen ist Jesus bei ihnen und kann ihnen nicht helfen.

25 *Da sagte er zu ihnen: Begreift ihr denn nicht? Wie schwer fällt es euch, alles zu glauben, was die Propheten gesagt haben.*
26 *Mußte nicht der Messias all das erleiden, um so in*

seine Herrlichkeit zu gelangen? [27]*Und er legte ihnen dar, ausgehend von Mose und allen Propheten, was in der gesamten Schrift über ihn geschrieben steht.*

Verblendete Augen

Zwar begleitet er sie auf dem Weg und spricht in einer Weise über den Messias, daß den Jüngern eigentlich die Augen hätten aufgehen müssen. Aber es gibt da ein Mißverständnis, das durch keine noch so authentische Belehrung aus der Welt geschafft werden kann (außer es würde eine neue Erfahrung hinzutreten): Die Jünger hatten sich Jesus als einen Heiland in Kraft und Herrlichkeit vorgestellt, das Volk befreiend nach Art der Mächtigen, von oben her und in Verbindung mit denjenigen, die den Glauben an diesen hochherrschaftlichen Messias lebendig hielten und schützten: den Hohenpriestern, Schriftgelehrten und Pharisäern. Doch ausgerechnet diese hatten Jesus den politischen Instanzen überantwortet...

Wie gleichen sich die Erwartungen der Jünger und der Offiziellen! Beiden ist die Wahrheit verborgen, daß Jesus eine Befreiung nicht von oben wollte, als messianische Bestätigung und Verherrlichung des Bestehenden, sondern von unten, aus der Sehnsucht der Armen, der Sünder, der Fremden und wenig Geachteten, – gegen die Erwartungen der Wohlangesehenen und Besitzenden: *Wehe euch, die ihr reich seid ... Wehe euch, die ihr jetzt satt seid ... wehe euch, die ihr jetzt lacht, ... wehe, wenn euch alle Menschen loben ...* (Lk 6,24–26).

Auf dem Weg nach Emmaus, nach wie vor der gängigen Messias-Vorstellung verhaftet, sind die Jünger dabei, Jesus auch noch in ihrer Trauer und Verzweiflung zu verraten. – Alle möglichen Zeugen mögen auftreten, Jesus selbst mag ihnen die Notwendigkeit seines Leidens und Sterbens erläutern, das

Herz mag ihnen brennen, wie sie im nachhinein feststellen (V. 32), d. h. sie mögen unbewußt bereits von dem Fremden, der sie da begleitet und ihnen die Schrift auslegt, überzeugt sein, – sie verstehen nichts, solange sie von der Voraussetzung ausgehen, Erlösung müsse als eine Macht von außen kommen und der Auferstandene, (wenn er denn schon auferstanden ist!) müsse ihnen triumphal begegnen und nun endlich seine Herrschaft demonstrieren.
Was müßte geschehen, damit sich verblendete Augen öffnen, damit Auferstehung geglaubt werden kann? Gott selbst müßte eingreifen – dies will die Geschichte zweifellos sagen. Doch wie erfährt man das, wie begegnen die Emmausjünger diesem Gott?

28So erreichten sie das Dorf, zu dem sie unterwegs waren. Jesus tat, als wolle er weitergehen,
29aber sie drängten ihn und sagten: Bleib doch bei uns; denn es wird bald Abend, der Tag hat sich schon geneigt. Da ging er mit hinein, um bei ihnen zu bleiben.
30Und als er mit ihnen bei Tisch war, nahm er das Brot, sprach den Lobpreis, brach das Brot und gab es ihnen.
31Da gingen ihnen die Augen auf, und sie erkannten ihn; dann sahen sie ihn nicht mehr.
32Und sie sagten zueinander: Brannte uns nicht das Herz in der Brust, als er unterwegs mit uns redete und uns den Sinn der Schrift erschloß?
33Noch in derselben Stunde brachen sie auf und kehrten nach Jerusalem zurück, und sie fanden die Elf und die anderen Jünger versammelt.
34Diese sagten: Der Herr ist wirklich auferstanden und ist dem Simon erschienen.
35Da erzählten auch sie, was sie unterwegs erlebt und wie sie ihn erkannt hatten, als er das Brot brach.

Das Dorf ist erreicht, und die Begegnung strebt ihrem Höhepunkt zu. Pessimismus und Resignation, die über der Erzählung lagen, treten zurück, und nur eins, das Naheliegende, ist wichtig: *Bleib doch bei uns; denn es wird bald Abend.*

Was nun geschieht, ist weniger spektakulär, als es auf den ersten Blick erscheint. Da ist nicht die Abendmahlssituation und Jesus in seiner unverwechselbaren Rolle des Brotbrechens – als gäbe es bei den Jüngern einen eucharistischen Glauben, der nicht erst noch durch die Ostererfahrung in Emmaus zum Leben erweckt werden müßte! Nein! Jesus, der das Brot bricht, nimmt nur ein Privileg in Anspruch, das jedem anderen Gast genauso zustand. Aber eben diese Normalität und Alltäglichkeit der Gastfreundschaft; die gewöhnliche, undramatische Erfahrung des Miteinander-Essens, des Angewiesenseins auf den Fremden; die Erfahrung, daß das Brot geteilt wird und daß sich in diesem solidarischen Gestus etwas von der Bezogenheit aller Menschen aufeinander zeigt, schafft die Voraussetzung für eine neue Erkenntnis und holt die Jünger aus ihren Träumen und Grübeleien endgültig zurück auf die Erde.

Daß ihre Augen geöffnet werden, meint nichts anderes, als dies: daß sie das Brotbrechen in eine direkte Verbindung mit dem leidenden Messias bringen, von dem der Fremde gesprochen hatte; daß sie nicht mehr nur unbewußt, sondern gleichsam mit eigenen Händen greifen können, was zu begreifen ihnen nun gegeben ist: daß man den Messias vergeblich von oben her, in Macht und Herrlichkeit erwartet, daß er sich auch nicht von außen, spektakulär offenbart, sondern daß er wiederum dort begegnet, wo er zeitlebens war: in der Unscheinbarkeit und Gefährdetheit praktizierter Freundschaft und Liebe, – daß er es ist, der mit ihnen das Brot bricht.

Als sie dies *erkannten* und schon wieder Gefahr laufen, ihre Erfahrung festhalten zu wollen, den Messias also von der Praxis des Teilens zu isolieren, im selben Augenblick *sahen sie ihn nicht mehr,* er wird ungreifbar, unbegreifbar – wie Gott, und nicht weniger als dies wird den Jüngern augenblicklich bewußt.

Umkehr

Als sie den Weg nach Emmaus, nach Hause antraten, war dies nicht ein Weg der Nachfolge, sondern der Resignation und der enttäuschten Hoffnung. Jetzt, da sie den Messias beim Brotbrechen erkannt und darin Gott erfahren haben, müssen sie sofort nach Jerusalem, auf den Weg der Nachfolge zurück, noch in der Nacht!

Schließlich kann niemand mit einer solchen Erfahrung bleiben, wo er ist, geschweige sich mit ihr zu Hause einrichten. Jedenfalls damals nicht, und wenn es heute üblicherweise geschieht, sind es vielleicht nicht mehr diese Erfahrungen! – Die Jünger also müssen augenblicklich zurück nach Jerusalem, zu den Brüdern und dann, mit einem Ziel, das keinen Aufschub duldet, weiter, dorthin, wo das Brot nicht nur aus Gastfreundschaft geteilt werden muß, sondern – als „Brot des Überlebens“[12] – um Leben zu retten, um die Ostererfahrung: *Auferstanden von den Toten,* mit einem praktischen, d. h. einem gelebten Inhalt zu verbinden.

Gefährliches Evangelium (Apg 6,8–7,59)

8 Stephanus aber, voll Gnade und Kraft, tat
Wunder und große Zeichen unter dem Volk.
9 Doch einige von der sogenannten Synagoge
der Libertiner und Zyrenäer und Alexandri-
ner und Leute aus Zilizien und der Provinz
Asien erhoben sich, um mit Stephanus zu
streiten; 10 aber sie konnten der Weisheit und
dem Geist, mit dem er sprach, nicht widerste-
hen. 11 Da stifteten sie Männer zu der Aussage
an: Wir haben gehört, wie er gegen Mose und
Gott lästerte. 12 Sie hetzten das Volk, die Älte-
sten und die Schriftgelehrten auf, drangen auf
ihn ein, packten ihn und schleppten ihn vor
den Hohen Rat. 13 Und sie brachten falsche
Zeugen bei, die sagten: Dieser Mensch hört
nicht auf, gegen diesen heiligen Ort und das
Gesetz zu reden. 14 Wir haben ihn nämlich
sagen hören: Dieser Jesus, der Nazoräer, wird
diesen Ort zerstören und die Bräuche ändern,
die uns Mose überliefert hat. ...
7 1 Der Hohepriester aber fragte: Ist das wahr?
2 Stephanus antwortete: Brüder und Väter,
hört mich an! Der Gott der Herrlichkeit er-
schien unserem Vater Abraham, als er in
Mesopotamien lebte, ehe er sich in Haran
niederließ, 3 und sagte zu ihm: ‚Zieh weg aus
deinem Land und aus deiner Verwandtschaft,
und geh in das Land, das ich dir zeigen werde‘.
4 Da zog er aus dem Land der Chaldäer fort
und ließ sich in Haran nieder. ...

[17]Als aber die Zeit der Verheißung herankam,
die Gott dem Abraham zugesagt hatte, ver-
mehrte sich das Volk und breitete sich in
Ägypten aus... [20]In dieser Zeit wurde Mose
geboren, und Gott hatte Gefallen an ihm...
[23]Als er vierzig Jahre alt war, reifte in ihm der
Gedanke, nach seinen Brüdern, den Söhnen
Israels, zu sehen. [24]Und als er sah, wie einem
von ihnen Unrecht geschah, kam er dem
Unterdrückten zu Hilfe und rächte ihn, indem
er den Ägypter erschlug. [25]Er dachte, seine
Brüder würden begreifen, daß Gott ihnen
durch seine Hand Rettung bringen wolle;
doch sie begriffen es nicht. ...
[36]Dieser Mose hat sie herausgeführt, indem er
Zeichen und Wunder tat in Ägypten und im
Roten Meer und in der Wüste, vierzig Jahre
lang. ... [39]Aber unsere Väter wollten sich ihm
nicht unterordnen; sie wiesen ihn ab und
wandten ihr Herz nach Ägypten zurück. [40]Sie
sagten zu Aaron: Mach uns Götter, die vor
uns herziehen!...
[51]Ihr Halsstarrigen, ihr, die ihr euch mit Herz
und Ohr immerzu dem Heiligen Geist wider-
setzt, eure Väter schon und nun auch ihr.
[52]Welchen der Propheten haben eure Väter
nicht verfolgt? Sie haben sie getötet, die die
Ankunft des Gerechten geweissagt haben, des-
sen Verräter und Mörder ihr jetzt geworden
seid, [53]ihr, die ihr durch die Anordnung von
Engeln das Gesetz empfangen, es aber nicht
gehalten habt.
[54]Als sie das hörten, waren sie aufs äußerste
über ihn empört und knirschten mit den Zäh-
nen. [55]Er aber, erfüllt vom Heiligen Geist,

blickte zum Himmel empor, sah die Herrlich-
keit Gottes und Jesus zur Rechten Gottes
stehen 56 und rief: Ich sehe den Himmel offen
und den Menschensohn zur Rechten Gottes
stehen. 57 Da erhoben sie ein lautes Geschrei,
hielten sich die Ohren zu, stürmten gemein-
sam auf ihn los, 58 trieben ihn zur Stadt hinaus
und steinigten ihn. Die Zeugen legten ihre
Kleider zu Füßen eines jungen Mannes nieder,
der Saulus hieß. 59 So steinigten sie Stephanus;
er aber betete und rief: Herr Jesus, nimm
meinen Geist auf! 60 Dann sank er in die Knie
und schrie laut: Herr, rechne ihnen diese
Sünde nicht an! Nach diesen Worten starb er.

Offener Himmel

Was ist das Besondere an Stephanus? Seine Weisheit? Sein Mut? Seine Ruhe angesichts des Todes, der ihn nicht zu überraschen schien? Seine Jugend? – Vielleicht am ehesten seine Jugend! Aber es ist nicht einfach dies, daß Stephanus jung an Jahren war. Auch Saulus, der uns in der Stephanusgeschichte erschrecken läßt, war jung an Jahren, – aber nicht „jung".

Stephanus war „jung". Er verbündet sich mit einer „jungen" Bewegung, stellt sich sofort und kompromißlos in ihren Dienst – ein „Radikaler" im öffentlichen Bewußtsein – und übernimmt gleich auch ein Amt in dieser Jesusbewegung, das gerade erst eingerichtet wird, sozusagen ad experimentum.

Ob er, als er das Wort ergriff und sich sogleich exponierte, die Situation klug analysiert, ob er die Dinge „ausgewogen" dargestellt hat? – Selbst die Apostel können nicht glücklich mit

ihrem Zögling gewesen sein, denn die Verkündigung, die Predigt des Evangeliums, hatten sie sich selbst vorbehalten, während die neu erwählten Diakone, zu denen Stephanus zählte, stummen Dienst an den Tischen, d. h. bei der Eucharistiefeier tun sollten.
Stephanus findet sich nicht einfach mit seiner Rolle ab, zumindest schöpft er sie bis an die Grenzen aus. Er ist „jung" vor allem dadurch, daß er eine neue Zeit kommen sieht, sie für möglich hält, und er kann träumen von dieser Zukunft, von Gott, der sie heraufführt: Den Himmel sieht er geöffnet und den Menschensohn zur Rechten Gottes sitzen.

Welt der „Alten"

Stephanus lebt in einer Welt der „Alten", die gerade nicht unbedingt alt an Jahren waren. – Sie haben ihre Erfahrungen mit der Geschichte und wollen, daß Ordnung sei. Alles fest umschrieben: das Leben, die Religion, Gott. Wer aufbegehrt, wie Stephanus, wird in die Schranken gewiesen. Früher oder später – um sie leblos und unbeweglich wie sich selbst zu machen – steinigen die „Alten", ob sie alt sind an Jahren oder jung, die „Jungen", wenn es nicht anders geht durch das Denkmal, das sie ihnen setzen.
Jesus war „jung", als er jung war; Stephanus war „jung", als er jung war; Abraham war „jung", als er alt war. – Wie alt sind wir? Unsere Jahre gehen dahin und wir „altern", wenn wir alt werden: Der Blick wird nüchterner, die Urteile „vernünftiger". Das Unmögliche wollen wir nicht mehr, das Ungewöhnliche haben wir als nicht brauchbar durchschauen gelernt – schlimme „Schule des Lebens"! Wir haben unsere Kompromisse gemacht, sind beladen mit den kleinen und großen Lebenslügen, mit den zu Grabe getragenen Hoffnungen und Sehnsüchten – wir sind „alt", oft mitten in der Blüte der Jahre. Irgendwann hat sich der Mensch so sehr abgefunden, daß er

nichts mehr aufnimmt und annimmt. – „Laßt mir meine Ruhe“; „laßt mich in Frieden“ – obwohl er die Ruhe nicht kennt und auch nicht friedfertig ist, so, wie er ist. „Das ertrage ich nicht mehr“; „wo würde man hinkommen“: So reden alle „Alten“, ob sie jung sind an Jahren oder alt, weil sie nirgendwo mehr hinkommen wollen, bzw., was dasselbe ist, von nirgendwoher mehr aufbrechen wollen: Zäh und wenn nötig gewaltsam behaupten sie ihren Besitzstand.

Zuletzt werden die Trennungslinien, an die sich die Menschen schließlich gewöhnt haben, zu unüberwindlichen Mauern zwischen ihnen und den anderen. Sie sind ganz „alt“, haben die Fähigkeit verloren, Grenzen zu überspringen, umfassend und unter Spannungen zu kommunizieren, Freundschaften zu gründen, Beziehungen aufzubauen, Emotionalität zu zeigen, ihre Trauer, ihr Glück oder ihre Verzweiflung auszudrücken. Oder gar ihren Protest! Und das Träumen überließen sie den Kindern: Sie sehen keinen Himmel mehr offen, und es quält sie, je „älter“ sie werden, die Frage, wie sie hineinkommen können in den Himmel!

„Jung“ sein

Man müßte „jung“ sein wie Stephanus! Saulus war „alt“, als er jung war und Stephanus steinigen ließ: ein angepaßter, öffentlich angesehener Extremist. – Aber später, bei Damaskus, fuhr etwas wie ein Blitz in ihn. Drei Tage war er blind. Er aß nichts und trank nichts. Das Wunder erreicht ihn in dieser äußersten Leere: Er wird sich seines bisherigen Nichtseins bewußt, wird „jung“ und sieht die Wirklichkeit mit völlig neuen Augen. Als er, alt geworden, in Rom enthauptet wird, weil ihn die Synagogalen von Jerusalem, seine ehemaligen Mitstreiter, angezeigt hatten, ist er „jung“ wie einer, der das ganze Leben vor sich hat.

„Jung“ sein! Nicht, um sich einem verlogenen Traum der heutigen Zeit anzubiedern: Dieser Fetisch „Jugend“ ist im

Grunde von „Alten“ produziert, die weder die Kraft noch die Hoffnung aufbringen, sich vorzustellen, auch im Alter „jung“ und „dynamisch“ sein zu können; die die Jugend deshalb verherrlichen und modisch hofieren: Jugend als Konserve – ein seniler Hohn auf die „Jugend“!
Man müßte „jung“ sein, d.h. fähig, Neues wahrzunehmen – auch in den „Bewegungen“ der Jugend selbst; damit rechnen, daß der Mensch, der wir sein können, noch nicht da ist, sondern erst noch entsteht. „Ich bin. Aber ich habe mich nicht. Darum werden wir erst“ (E. Bloch); lernen aufzubegehren dort, wo wir Gefangene unserer Rollen, unseres Milieus, unserer Erfolge und Kompromisse zu werden drohen; den Mut besitzen, wie Stephanus, unwahr gewordenes und verheißungsloses Leben zu entlarven; versuchen, die ureigenen Hoffnungen, Sehnsüchte, Erkenntnisse und Erfahrungen auszudrücken, mitzuteilen, zu verteidigen, statt sie in sich hineinzufressen, bis sie uns „alt“ und ausgebrannt zurücklassen; „jung“ sein, d.h. hören können – mit Herz und Ohren – auf den Ruf des Geistes, auf die prophetische Einrede, auf Gottes herausforderndes Wort.

Wenn die Propheten einbrächen
durch Türen der Nacht
und ein Ohr wie eine Heimat suchten –
Ohr der Menschheit
du mit dem kleinen Lauschen beschäftigtes,
würdest du hören?
Wenn die Propheten aufständen
in der Nacht der Menschheit
wie Liebende, die das Herz des Geliebten
suchen,
Nacht der Menschheit
würdest du ein Herz zu vergeben haben?
(Nelly Sachs)

Anmerkungen / Leseanregungen

1 Die biblischen Texte sind der „Einheitsübersetzung der Heiligen Schrift", Stuttgart 1979, entnommen.

2 *G. Casalis,* Die richtigen Ideen fallen nicht vom Himmel. Grundlagen einer induktiven Theologie, Stuttgart 1980, S. 132–155.

3 *G. Theißen,* Soziologie der Jesusbewegung. Ein Beitrag zur Entstehungsgeschichte des Urchristentums, München ^{2}1978.

4 *W. Stegemann,* Wanderradikalismus im Urchristentum? Historische und theologische Auseinandersetzung mit einer interessanten These, in: W. Schottroff / W. Stegemann (Hg), Der Gott der kleinen Leute. Sozialgeschichtliche Auslegungen Neues Testament, München / Gelnhausen 1979.

5 *D. Bonhoeffer,* Widerstand und Ergebung. Briefe und Aufzeichnungen aus der Haft, Neuausgabe München 1970, S. 401.

6 *J. Galtung,* Strukturelle Gewalt. Beiträge zur Friedens- und Konfliktforschung, Reinbek ^{4}1977, S. 85.

7 *R. D. Laing,* Phänomenologie der Erfahrung, Frankfurt/M. ^{9}1977, S. 22.

8 *H. Marcuse,* Versuch über die Befreiung, Frankfurt/M. ^{3}1972, S. 26.

9 *D. Bonhoeffer,* Widerstand und Ergebung, S. 379.

10 Ebd., 374f.

11 *H. Marcuse,* Versuch über die Befreiung, S. 21f.

12 *J. B. Metz,* Brot des Überlebens. Das Abendmahl der Christen als Vorzeichen einer anthropologischen Revolution, in: ders., Jenseits bürgerlicher Religion. Reden über die Zukunft des Christentums, Mainz/München ^{3}1981, S. 51–69.